Hubertus von Schoenebeck

Kinder der Morgenröte
... unterstützen statt erziehen ...

W0191458

Freundschaft mit Kindern - Förderkreis e.V.

1. Auflage 2004

Copyright by Hubertus v.Schoenebeck 2004
Alle Rechte vorbehalten. Printed in Germany
Herstellung: Books on Demand GmbH, Norderstedt
Layout: Heiko Hildebrandt

Internet: www.amication.de
E-Mail: amication@t-online.de

ISBN 3-88739-025-3

HUBERTUS VON SCHOENEBECK

KINDER DER MORGENRÖTE

... unterstützen statt erziehen ...

Autor

Dr. phil. Hubertus von Schoenebeck, geboren 1947, ist Vater von zwei erwachsenen Kindern und zwei Kleinkindern. Er erforschte die Möglichkeiten authentischer, erziehungsfreier Kommunikation, promovierte hierüber und begründete die Weltsicht »Amication«. Er ist im »Freundschaft mit Kindern – Förderkreis e.V.« tätig, um die erziehungsfreie Lebensführung, die Idee der Selbstliebe und Amication bekannt zu machen. Hubertus von Schoenebeck referiert an Universitäten und Bildungsstätten im In- und Ausland. Er hat zahlreiche Bücher zur amicativen Theorie und Praxis veröffentlicht.

Inhaltsverzeichnis

Für
Freya und Arwen

Vorwort

Ich stehe immer wieder vor der Frage, wie ich die Idee der erziehungsfreien Lebensführung so an die Menschen herantragen kann, daß sie verstehen. Verstehen – ein Gefühl dafür bekommen, daß Kinder sich selbst gehören und keine Erziehung brauchen. Daß sie wie alle anderen Menschen vollwertig sind, und daß wir in gleichwertigen Beziehungen mit ihnen leben können.

Mit diesem Buch möchte ich offene, suchende und sensible Erwachsene ansprechen, die bislang nicht auf den Gedanken gekommen sind, das Paradigma der Postmoderne – die Gleichwertigkeit – in das Kinderzimmer und Klassenzimmer zu übertragen. Männer stehen nicht über Frauen, Weiße nicht über Schwarzen, Religionen nicht über Religionen, der Mensch nicht über der Natur – *dieses* Denken ist ihnen geläufig. Der kleine Schritt weiter hin zu den Kindern aber nicht. Was legt sich da quer?

Ich wünsche mir, daß meine Einladung Sie erreicht. Daß ich Sie neugierig machen kann auf einen wirklich neuen, einen so einfachen und so faszinierenden Weg zu Ihren Kindern. Ich gehe ihn seit 30 Jahren, und er ist ein beglückendes Geschenk des Lebens.

Beltane, 1. Mai 2004

Hubertus von Schoenebeck

Prolog: Felix und Matthias

Felix und Matthias sind noch kein Jahr alt. Ich höre zu und übersetze:

Felix: »Deine Mutter hat Dich auch nicht gelassen.«
Matthias: »Nein. Das ärgert mich.«
»Mich auch.«
»Sie lassen uns nicht tun, was wir wollen.«
»Stimmt.«
»Es ist unmöglich.«

Felix: »Deine Mutter hat so eine schaurige Ausstrahlung.«
Matthias: »Sie hat schöne Ausstrahlungen. Sie liebt mich. Aber sie hat auch dieses schreckliche Zeug.«
»Was ist das? Meine Mutter hat das nicht.«
»Sie fühlt sich für mich verantwortlich.«
»Sie fühlt sich für Dich verantwortlich?«
»Sie weiß besser als ich, was für mich gut ist.«
»Das meint meine Mutter auch.«
»Nein, da ist ein Unterschied.«
»Ein Unterschied?«
»Meine Mutter meint das nicht nur aus *ihrem* Wissen.«
»Sondern?«
»Sie sagt, Erwachsene können *wirklich* alles besser beurteilen als Kinder.«
»Das meint sie doch nicht im Ernst. «
»Doch. Davon ist sie felsenfest überzeugt.«
»Niemals kann ein Mensch etwas besser beurteilen als ein anderer. Jeder tut es auf seine Weise, aus seiner eigenen Inneren Welt heraus. Da sind alle gleichwertig.«
»Sie glaubt, das gilt nicht bei Erwachsenen und Kindern.«
»Da hält sie ja an völlig überholten Ansichten fest.«
»Leider. Aber es ist die Sicht ihrer Eltern und deren Eltern. Das hat lange Tradition.«

»Weiß ich, aber meine Mutter ist da anders. Die Postmoderne kann doch an Deiner Mutter nicht spurlos vorübergegangen sein.«

»Schön wär es. Aber sie erkennt nicht, daß wir vollwertige Menschen sind. Daß wir uns selbst gehören und selbstverantwortlich sind, von Anfang an. Sie setzt auf Erziehung.«

Felix: »Hast Du mit ihr noch nicht darüber gesprochen?«
Matthias: »Tausendmal. Sie versteht es nicht.«

»Meine Mutter sagt, daß sie ihre Selbstverantwortung als Kind beinahe verloren hat. Weil die Erwachsenen das damals nicht gelten lassen wollten.«

»Und?«

»Sie hat sich nicht beirren lassen. Sie hat sich versteckt, und keiner hat gemerkt, daß sie immer noch an sich glaubte.«

»Wenn ich mit meiner Mutter über diese Dinge rede, wird sie ärgerlich. Sie sagt dann, daß ich trotzig und ungezogen bin.«

»Das muß ja alles sehr anstrengend für Dich sein.«

»Ist es auch.«

Matthias: »Meiner Mutter geht es auch schlecht dabei.«
Felix: »Weil Du Dir ihren Überfall auf Deine Innere Welt nicht gefallen läßt.«

»Natürlich nicht. Niemals!«

»Und deswegen hast Du Dich losgerissen und bist noch mal auf das Ding da los.«

»Klar. Auf die Schweineschnauze.«

»Sie sagten ›Steckdose‹. Aber wir haben es doch im Bilderbuch gesehen, es sah aus wie die Schnauze von einem Schwein.«

»Also, ich muß meiner Mutter immer klarmachen, daß sie in meiner Inneren Welt nichts zu suchen hat mit ihren Ansprüchen. Sie kann mich besuchen, o.k. Aber sie hat kein Recht, ihre Erkenntnisbäume in mich zu pflanzen.«

»Stimmt.«

»Wenn sie anderer Meinung ist als ich und das Ding da unten an der Wand für eine ›Steckdose‹ hält, dann ist das *ihre* Sicht.«

»Die kann sie Dir sagen, aber es muß klar sein, daß Du eine andere haben kannst und nichts einsehen mußt.«

»Genau das tut sie nicht.«

»Wir sollten einen Weltkongreß einberufen. Alle Menschen in unserem Alter würden das Ding da für eine Schweineschnauze halten.«

»Wenn sie vorher das Buch gelesen haben.«

»Und unser Kongreßergebnis steht gleichrangig neben dem Ergebnis des Erwachsenenkongresses.«

»Jeder erkennt seins.«

»Aber Du sollst einsehen, daß es keine Schweineschnauze ist, sondern eine ›Steckdose‹. Und daß sie recht hat.«

»Das macht mich kaputt.«

»Und weil sie es nicht schafft, geht es ihr auch schlecht.«

Matthias: »Deine Mutter hat doch auch ›Steckdose‹ gesagt.«

Felix: »Ja. Aber es war *ihre* Sicht. Meine hat sie gelten lassen.«

»Sie läßt Deine Sicht gelten?«

»Ja.«

»Immer?«

»Immer.«

»Was hältst Du von ihrer Sicht?«

»Eigentlich redet sie keinen Unsinn.«

»Du glaubst ihr?«

»Sie ist vertrauenswürdig.«

»Weil sie Deine Innere Welt achtet.«

»Ja.«

»Ich komme gar nicht mehr auf die Idee, meiner Mutter noch irgendwo zu vertrauen.«

»Aber sie hat mich nicht überzeugt. ›Steckdose‹? Es wird sich schon noch klären.«

»Bist Du denn freiwillig weggeblieben?«

»Ich habe gemerkt, wie wichtig ihr das war. Ich bekomme so etwas immer mit. Und sie merkt meine Dringlichkeit.«

»Die kann sie auch merken, weil sie in Dir nichts durchsetzen will. Da ist sie offen für das, was Dir wichtig ist.«

»Genau. Und ich bekomme ihre Dringlichkeit mit, weil ich mich nicht verteidigen muß.«

»Ich kann so etwas nicht merken. Ich muß dauernd aufpassen, daß sie nicht schon wieder ihre Pflöcke in mein Land rammt.«

»Ich bekomme also mit, wie wichtig ihr das ist, daß ich von der Schweineschnauze wegbleibe. Ich habe mich gefragt, ob mir meins wichtiger ist.«

»Und?«

»Sie hatte solche Not, daß ich ganz erstaunt war.«

»Du hast nachgegeben.«

»Nein. Das ist nicht der richtige Ausdruck. Ich laß sie, wenn es ihr dermaßen wichtig ist. Warum auch nicht. Ich liebe sie doch.«

»Wie Du das sagst ... Aber ich versteh Dich. Du hast keinen Krieg mit ihr. Du fühlst Dich nicht angegriffen. Du hörst hin, wenn sie Probleme hat, und kannst großzügig sein.«

»Großzügig? Es ist doch selbstverständlich, daß ich jemandem helfe, wenn ich kann. Und wenn ich ihn liebe, um so eher.«

Matthias: »Was machst Du, wenn Dir etwas genauso wichtig ist?«

Felix: »Dann seh ich zu, daß passiert, was ich will.«

»Auch wenn Du merkst, daß es Deiner Mutter wichtig ist?«

»Wenn meine Dringlichkeit zu hundert Prozent gegen ihre Dringlichkeit steht, sorge ich für mich.«

»Da hast Du keine Chance. Erwachsene sind immer überlegen.«

»Nein. Sie können nur die Hälfte aller Konflikte gewinnen.«

»Aber sie haben Macht.«

»Nicht nur sie. Sie haben Muskelkraft, Geld und intellektuelle Überlegenheit. Aber wir sind oft stärker: durch unsere psychologischen und psychosomatischen Machtmittel.«

»Du meinst unserer Emotionen und Töne?«

»Ja. Wenn Du die richtigen Gefühle ansprichst und genau die

Frequenzen raus hast, die zu Deiner Mutter passen, läßt sie Dich machen.«

»Meine Mutter nennt das Quengeln, Nörgeln, Jaulen, Heulen ...«

»Hör auf, das ist die diskriminierende Sprache der alten Zeiten. Meine Mutter würde nie so von mir reden.«

»Weil sie merkt, daß Du nicht *gegen sie,* sondern *für Dich* bist.«

»Ja. Das ist sehr entscheidend. Meine Machtmittel setze ich nie gegen sie ein, sondern nur für mich. Da muß sie sich nicht mit Diskriminierungen verteidigen.«

»Ihr habt einen ehrlichen Kampf. Von König zu König.«

»Mir kommt Autorität zu, ebenso wie ihr. Das kommt aus der Liebe zu uns selbst und ist nie gegen andere gerichtet.«

»Du hast eine Königsbeziehung.«

»Ja.«

»Ich habe eine Erziehungsbeziehung. Erzieher oben, Zögling unten. Verschleiert als ›demokratisch-partnerschaftliches‹ Verhältnis.«

»Es gibt auch eine Partnerschaft zwischen Herrscher und Sklave.«

»Es ist nicht *wirklich* von Gleich zu Gleich.«

»Weil sie meint, daß Du noch kein richtiger Mensch bist. Sondern erst einer werden mußt. Durch Erziehung.«

»Geh mal in eine Universität und hör Dir an, was da über Kinder gelehrt wird.«

»Ich weiß, Pädagogik.«

Felix: »Ich kann mich aber oft genug auch nicht durchsetzen.«

Matthias: »Und was machst Du dann?«

»Na, nicht das, was ich wollte.«

»Ich meine es nicht auf der Handlungsebene. Wie fühlst Du Dich dabei?«

»Also ...«

»Wenn meine Mutter sich durchsetzt, geht es mir ganz schlecht. Erstens kann ich nicht tun, was ich will. Handlungsebene. Das ist schlimm genug. Aber dazu kommt noch ihr ›Sieh das ein‹ und ›Ich habe recht‹ und ›Es ist für Dich besser so‹. Diese Selbstverständlichkeit, diese Arroganz, diese Finger in meiner Seele!«

»He, beruhige Dich. Sie ist nicht da. Ich verstehe Dich. Es ist schrecklich, wenn Erwachsene so drauf sind.«

»Am schlimmsten ist, daß sie nichts, absolut nichts davon merkt, was bei mir abläuft. An Selbstwertzweifeln. Und Schuldgefühlen. Weil ich wieder etwas verkehrt gemacht haben soll.«

»Das kann sie nicht merken, weil sie voll bester Absicht ist. Sie liebt Dich. Sie meint, daß sie Dir etwas Gutes tut, wenn sie sich so um Deine Einsicht bemüht. Ihr fehlt das Bewußtsein, etwas Unrechtes zu tun.«

»Wie geht es Dir, wenn Deine Mutter sich durchsetzt?«

»Ich ärgere mich. Oder ich bin wütend. Das ist aber ziemlich schnell vorbei. Aus meiner Wut wird kein Haß.«

»Weil sie es für sich und nicht gegen Dich tut.«

»Ja, irgendwie merke ich das immer. Und was soll ich mich lange über etwas aufregen, das doch nicht zu ändern ist?«

»Du gibst Deine Ziele auf?«

»Nein. Ich bin nur realistisch. Ich kann Niederlagen akzeptieren.«

»Du fühlst Dich nicht schlecht dabei?«

»Es sind Niederlagen meines Tuns, nicht meines Werts, vergiß das nicht. Mein Wert wird von meiner Mutter *nie* angegriffen.«

»Ich fühle immer, daß auch mein Wert herabgesetzt wird. Ich muß *immer* besser werden.«

»Trotzdem will ich meine Ziele erreichen. Was jetzt nicht geht, geht vielleicht später.«

Matthias: »Woran hältst Du zum Beispiel fest?«

Felix: »Am Süßkram. Das gebe ich nicht auf. Sie ist voll dagegen. Aber es schmeckt einfach! Und sie glaubt bestimmt ihr Leben lang, daß das ungesund ist.«

»Gibt es bei Euch deswegen dann nicht dauernd Streit?«

»Streit trifft es nicht. Hast Du beim Süßkram Streit?«

»Jedesmal. Und immer diese Nörgelei, daß ich das einsehen soll und daß sie recht hat und nur mein Bestes will. Und neuerdings diese ›Gespräche‹.«

»Was für ›Gespräche‹?«

»Sie ist modern. Sie liest solche Bücher, geht in Kurse und Seminare und lernt, was die beste Methode für den Umgang mit Kindern ist. Da sind ›demokratisch-partnerschaftliche‹ Gespräche angesagt, auf Augenhöhe, mit Ich-Botschaften, mit allen psychologischen Tricks.«

»Von Erzieher zu Zögling, von oben nach unten. Die Methoden werden raffinierter, nichts ändert sich wirklich.«

»Nein. Es ist nicht wie bei Dir von Gleich zu Gleich.«

»Unser Konflikt ist offen und klar, ohne Tricks und Manöver. Ich sehe oft, daß ihre Sicht besser paßt, und kann dann zustimmen. Aber bei anderen Sachen eben nicht, wie beim Süßkram.«

»Und?«

»Ich ändere mich nicht, sie ändert sich nicht. Das ist kein Drama. Es ist eher ein bißchen komisch.«

»Du siehst so etwas mit Humor?«

»Warum nicht?«

»Wenn sie Dir keinen Süßkram läßt?«

»Ich werde auch ohne sie schon noch drankommen.«

»Ach so.«

»Aber das ist nicht der Punkt.«

»Sondern?«

»Sie läßt mir keinen Süßkram, aber sie läßt mir meine Innere Welt, und zwar immer. Sie tastet meine Selbstachtung und meinen Wert nicht an.«

»Du kannst ihrer Meinung nach ein Süßkram-Fan sein?«

»Ja. Sie weiß, daß ich so jemand bin. Sie achtet das.«

»Und nimmt Dir trotzdem den Süßkram weg?«

»Ja. Das ist kein Widerspruch.«

»Sie sorgt für sich selbst und will Dich nicht ändern.«

»Wir tun beide im Grunde dasselbe. Jeder sorgt für sich und tastet dabei die Würde des anderen nicht an. Das ist ein sehr verbindendes und verläßliches Gefühl, gerade bei meinen Niederlagen.«

Matthias: »Meine Mutter will, daß ich dem Süßkram abschwöre.«
Felix: »Sie will ihn Dir nicht nur konkret wegnehmen?«
»Ich soll auch einsehen, daß Süßkram schlecht ist. Und daß ich schlecht bin, wenn ich Süßkram will.«
»Sie will Dich erziehen.«
»Ja.«
»Kultureller Imperialismus.«
»Was macht Deine Mutter? Gibt sie ihren Wunsch auf, daß Du Süßkram ablehnst? Daß Du Dich änderst?«
»Nein, sie gibt ihre Wünsche nicht auf. Aber sie ist auch ganz realistisch. Sie kennt meine Einstellung. Die respektiert sie, wenn sie auch hofft, daß ich meine Meinung mal ändern könnte.«
»Könntest Du?«
»Bei Süßkram? Kann ich mir nicht vorstellen. Aber möglich ist alles. Mich drängt ja keiner. Ich kann es mir jederzeit überlegen.«
»Bei Dir ist alles so unproblematisch.«
»Also, Probleme habe ich auch.«
»Aber sie sind leichter. Niemand geht Dir an die Seele.«
»Die Achtung vor unseren Inneren Welten ist immer präsent. Dieser Fluß wird nicht beeinträchtigt. Das ist schon sehr entspannend.«
»Es kommt mir wunderschön vor.«
»Ich wünsche Dir das auch.«

Felix: »Du wirst erzogen.«
Matthias: »Ich habe mal gehört, wie jemand gesagt hat, *Du* würdest erzogen, und zwar erfolgreich. Gut erzogen wärst Du.«

»Die Leute sehen nicht, woher unsere Harmonie kommt. Sie denken, es wäre gute Erziehung. Dabei ergibt sich Harmonie nur dann, wenn Erziehung ganz und gar verschwunden ist.«

»Wenn sie sich nicht anmaßen, besser zu wissen als wir, was für uns gut ist. Wenn sie nicht meinen, über uns zu stehen, wegen Erfahrung, Alter und was weiß ich.«

»Wir brauchen ihre Fürsorge und Liebe, aber nicht ihr ›Ich weiß besser als Du, was für Dich gut ist‹, nicht diese ›Verantwortung‹.«

»Gibt es eine Möglichkeit, das alles meiner Mutter beizubringen?«

»Willst Du sie erziehen?«

»Ach so.«

»Es ist ihre Welt, Dich pädagogisch zu sehen. Kannst Du ihr diese Sicht nicht lassen?«

»Sie soll mich nicht so sehen. Ich bin kein Erziehungsmensch. Ich bin ein normaler Mensch.«

»Sie sieht das anders. Es ist ihre Realität, daß sie für Dich verantwortlich ist.«

»Aber nicht meine! Ich bin für mich selbst verantwortlich.«

»Es ist ihre Wahrnehmung von Dir, ihre Innere Welt. Daß sie so von Dir denkt, ist wiederum Deine Realität. Da kommst Du nicht dran vorbei.«

»Sie soll das ändern!«

»Willst Du ihre Seele ändern? Willst Du das mit ihr machen, was sie nicht mit Dir machen soll?«

»Gibt es keine Chance?«

»Nicht so, nicht auf diesem Weg. Wenn sie viel Kontakt zu erziehungsfreien Menschen hätte, vielleicht würde sie sich doch irgendwann mal angesprochen fühlen. Aber das muß ihr alles etwas sagen, in ihrem Herzen.«

»Also keine Chance?«

»Es kann sein, daß nichts mehr zu machen ist. Viele haben kein Gespür mehr für die Wahrheiten der Kindheit. Sie wird wahrscheinlich ihr Leben pädagogisch verbringen.«

»Willst Du mir Angst machen?«

»Wenn Du weißt, was auf Dich zukommt, kannst Du Dich besser wappnen.«

Matthias: »Wie sollen denn meine nächsten Jahre aussehen, meine Kindheit, meine Jugend?«
Felix: »Schön wie bei uns allen, aber eben auch schrecklich. Du wirst viel vom Glauben an Dich verlieren. Du wirst anfangen, Dich pädagogisch zu sehen. Du wirst Dich nicht mehr lieben können, wie immer Du bist.«
»Hör auf!«
»Ich sage Dir nur die Wahrheit.«
»Wie soll ich das aushalten? Das kann niemand aushalten!«
»Du wirst es aushalten. Solange Du Dich nicht aufgibst. Solange Du leben willst. Lieber glaubst Du all diesen Unsinn, als daß Du sterben willst.«
»Gibt es keine Hilfe?«
»Ich halte zu Dir, meine Mutter und mein Vater halten zu Dir. Alle erziehungsfreien Menschen werden Dir helfen, den Glauben an Dich nicht aufzugeben.«
»Felix, Du bist mein Freund.«
»Ich hab Dich lieb, Matthias.«

I Die neue Perspektive

1. Die Verantwortung zurückgeben ...

»Es könnte doch etwas passieren!« Wir sind besorgt, daß die Kinder zu Schaden kommen. Erwachsenen wird deswegen die Aufsicht übertragen, und sie sind für Kinder verantwortlich.

»Hätten Sie das nicht verhindern können?« Den Sturz von der Mauer, den Schnitt mit der Glasscherbe, den verdorbenen Magen, das demolierte Fahrrad, den gebrochenen Arm. Nun, als Erwachsener paßt man auf, so gut man kann.

Doch dadurch gibt es in der Beziehung von Erwachsenen und Kindern etwas Fremdes. Etwas, das von außen kommt und stört. Eben das Gefühl, dafür sorgen zu müssen, daß nichts passiert. Ich bin zuständig, daß die Kinder nicht zu Schaden kommen. Die Erwachsenen erwarten von mir, daß ich achtgebe. Sie erwarten es nicht von den Kindern – denn »die können das gar nicht überblicken«. Sondern sie erwarten es von mir. Und so sieht die Erwachsenenwelt zu, wenn ich mit Kindern zusammen bin.

Ich bin nicht allein mit Sebastian, wenn er auf der Mauer balanciert. Ich bin nicht allein mit Lina, wenn sie alte Flaschen sammelt. Ich bin nicht allein mit Manuel, wenn er Eis essen will. Ich bin nicht allein mit Alexander, wenn er mir seine Radkünste vorführt. Ich bin nicht allein mit Jana, wenn sie auf den Baum klettert. Die Erwachsenenwelt ist dabei: »Das hätten Sie aber voraussehen müssen!« – »So etwas unternimmt man nicht mit Kindern!« – »Da hätten Sie energisch durchgreifen müssen!« – »Ihr Verhalten ist unverantwortlich!«

Verantwortlich – das ist der Kern des Problems. Wer hat das Recht, Regeln für die Verantwortung im Umgang mit Kindern aufzustellen? Wer hat überhaupt das Recht, Erwachsenen eine Verantwortung aufzuerlegen, die sie für die Kinder ausüben sollen – an ihrer Stelle, »weil die das noch nicht können«?

Wir stellen diese Fragen nicht und denken nicht darüber nach. Wir denken nur darüber nach, wie wir diese auferlegte Verantwortung gut erledigen können. So daß man uns nicht vorwerfen kann: »Sie sind im Umgang mit Kindern einfach unverantwortlich.« Niemand möchte so abgestempelt werden: »Verantwortungslose Mutter!« – »Verantwortungsloser Vater!« – »Verantwortungsloser Lehrer, Erzieher, Erwachsener!«

Die Verantwortung, die Erwachsene im Umgang mit Kindern annehmen, beeinflußt das Erleben mit ihnen. Das sieht dann so aus: »Komm von der Mauer runter!« – »Laß die Scherben liegen!« – »Nicht noch ein Eis!« – »Fahr langsamer mit dem Rad!« – »Nicht so hoch in den Baum!« Die Angst davor, als unverantwortlich zu erscheinen, läßt die Erwachsenen zu Kindern reden und mit ihnen umgehen, als seien sie nicht in der Lage, die Risiken ihres Tuns selbst einzuschätzen. Diese Angst läßt Erwachsene auf Kinder reagieren wie auf Noch-Nicht-Menschen. So, als seien Kinder unfertige und zur eigenen Verantwortung unfähige Wesen.

»Stimmt doch auch!« Ich sehe es anders: All das, was Erwachsene veranlaßt, aus Verantwortung einzugreifen, zu erklären, zu mahnen, zu verbieten – all das regeln die Kinder selbst, ohne Erwachsene, wenn sie unter sich sind. Sie tun es sinnvoll, in Abschätzung ihrer Möglichkeiten und der Realität ringsum. Und sie tun es täglich, viele Stunden lang.

Sie klettern allein auf der Mauer herum. Sie fassen diese Glasscherbe an und viele andere noch. Sie essen soviel davon und soviel hiervon. Ein Fahrradsturz hindert sie nicht, die nächste Runde zu drehen. Sie brechen sich den Arm, ohne daß die Welt untergeht.

Sie regeln ihre Dinge selbst, so wie sie es sich zutrauen und vor sich selbst verantworten. Und sicher kommt es dabei auch zu Fehleinschätzungen – wie bei den Erwachsenen. Hören wir auf mit dem Auto zu fahren, wenn wir einen Unfall verursacht haben? Natürlich nicht, wir sagen: »Beim nächsten Mal passe ich besser auf.« Und genau das können wir auch den Kindern zugestehen. Ohne für sie die Verantwortung zu haben, zu übernehmen – ohne ihnen *ihre* Verantwortung zu nehmen, wegzunehmen. Wie gesagt, die Kinder tun täglich ihre eigenen Dinge. Erwachsene lassen Kinder in ihren Vorstellungen aber nicht unter sich sein. Wenn wir an Kinder denken, dann immer in Bezug zu uns. Aber sie haben auch ihr eigenes Leben, mit einer eigenen Selbstverantwortlichkeit. Und wenn sie es dann mit uns zu tun bekommen, soll diese Selbstverantwortlichkeit einfach nicht mehr existieren?

Selbstverständlich ist sie dann noch da! Ich finde es merkwürdig, daß Erwachsene sie nicht wahrnehmen. Und ist es nicht seltsam, daß wir sofort mit unserer Verantwortung dahergestürmt kommen, wenn Kinder um uns sind? Warum? Wie gebannt bemerken wir nicht die Wirklichkeit der Kinder, in der ihre eigene Verantwortung einen festen Platz hat.

Was ist eigentlich los mit den Erwachsenen? Weshalb verzichten sie darauf, Kinder als selbstverantwortliche Menschen zu sehen? Weshalb akzeptieren sie die gesellschaftliche Regel, daß Erwachsene verantwortlich für Kinder sind? Weshalb lassen wir uns in der Beziehung zu Kindern von dieser Verantwortung in Beschlag nehmen – die ursprünglich bei den Kindern selbst ist, die wir ihnen wegnehmen und uns aufbürden?

2. ... und das Tabu aufheben

Wie kommt es, daß wir uns die Frage nach der Selbstverantwortung des Kindes nicht stellen? Die einfachste Antwort darauf ist, daß es eben eine völlig sinnlose Frage ist. Denn da Kinder nicht Verantwortung für sich übernehmen *können*, brauche man auch nicht danach zu fragen. Ja, eine Frage danach wäre ein unsinniger Gedanke, so, wie wenn man etwas sieht, das gar nicht existiert. Diese Antwort wird uns von dem traditionellen Umgang mit Kindern gegeben und von der zugehörigen Wissenschaft, der Pädagogik. Es ist so, daß sich diese Lehre vom Umgang mit Kindern auf Sätzen wie diesen aufbaut: »Kinder können nicht wissen, was für sie gut ist.« »Kinder können keine Verantwortung für sich übernehmen.« »Erwachsene tragen für Kinder die Verantwortung.« Man schiebt dann ein »noch« ein: Die Kinder können es *noch* nicht. Erst, wenn sie gelernt haben, selbstverantwortlich zu sein, erst, wenn sie reif genug und erwachsen sind, werden sie selbstverantwortliche Menschen sein können.

Die traditionelle Haltung ist von einem Tabu geprägt: »Erkenne nicht die Fähigkeit des jungen Menschen, Verantwortung für sich übernehmen zu können.« Es ist wie mit einem Bann belegt, dies zu bemerken und darüber nachzudenken. Wie entstand das pädagogische Tabu? Wie konnte es geschehen, daß den Erwachsenen die Selbstverantwortungsfähigkeit des Kindes in Vergessenheit geriet? Nun, der Umgang mit Kindern ist tief in einer Haltung verwurzelt, in der Menschen sich berechtigt fühlen, über andere Menschen Herrschaft auszuüben. Die Position, die Kindern die eigene Verantwortung abspricht und stattdessen Erwachsenen die Verantwortung zuspricht, kommt aus dieser Herrschaftstradition, aus dem jahrtausendealten Patriarchat.

Doch das patriarchalische Leitbild des Herrschens ist heute für viele vorbei. Der Prozeß der Herrschaftsüberwindung drückt sich in den großen Befreiungsbewegungen der Menschheit aus – und jetzt wird auch der Umgang mit Kindern davon erfaßt. In den beiden letzten hundert Jahren gab es das Ende der Folter, die Aufhebung der Leibeigenschaft, die Sklavenbefreiung, die Frauenemanzipation, die Befreiung aus absolutistischen Zwängen hin zur Demokratie, den Antirassismus, die Entkolonialisierung und das Ende kommunistischer Diktatur. Und nun beginnt die Befreiung des Kindes vom Verantwortungsdenken und dem Herrschaftsanspruch der Erwachsenen. Wer in die Geschichte blickt, erkennt, daß die Idee der Herrschaft des Menschen über den Menschen immer mehr zurückgedrängt wird.

Wenn man andere unterwerfen will, dann ist es die sicherste Methode, wenn diese selbst daran glauben, daß es für sie richtig ist, beherrscht zu werden. Und genau so wird mit uns verfahren. Als Kinder bekommen wir unser ganzes Kinderleben lang gezeigt, daß es unumgänglich ist, wenn andere – Erwachsene – uns führen, über uns bestimmen, sich für uns verantwortlich fühlen, uns die Verantwortung abnehmen. »Zu unserem eigenen Besten.«

Das pädagogische Tabu wird von den Erwachsenen nicht gespürt, die ein erzieherisches Selbstverständnis und einen pädagogischen Anspruch haben. Sie sind erfüllt von dem »Ich weiß, was für Kinder gut ist«, sie fühlen sich für die Kinder verantwortlich und bestimmen über sie »zu ihrem Besten«. Die pädagogischen Erwachsenen verstehen deswegen zunächst nicht, wovon die Rede ist, wenn man die Selbstverantwortung des Kindes ins Gespräch bringt.

Es gibt dann entrüstete Proteste. Wie stets, wenn man an ein Tabu rührt. »Sie wollen doch damit nur provozieren, auf Kosten der Kinder.« Diese Erwachsenen haben ihr Zusammenleben mit Kindern an diesem Tabu ausgerichtet, *und sie fühlen sich tatsächlich verantwortlich für Kinder.* Lassen sie sich dennoch gewinnen? Gewinnen womit? Enttabuisierung ist ein schmerzlicher Prozeß. Man muß ja etwas aufgeben, was bisher unverrückbar zum Selbstverständnis und Weltbild gehört. Es stürzt etwas ein – wie wird das Neue sein? Es muß eine sinnvolle und befriedigende Alternative geben. Die erziehungsfreie Beziehung, von der ich in diesem Buch schreibe, ist dieser neue Weg.

3. Die Herrschaft beenden ...

Es ist für Erwachsene selbstverständlich, daß sie den Kindern sagen, was sie zu tun und zu lassen haben. »Iß Deinen Teller leer!« – »Stell Dein Rad in den Keller!« – »Setz die Mütze auf!« – »Spiel nicht am Radio rum!« – »Komm um acht nach Hause!« – »Mach Hausaufgaben!« Alle Kinder müssen letztlich tun, was Erwachsene ihnen sagen.

Doch die Mißachtung des anderen, der niemals wirklich ein Befehlsempfänger ist – und das gilt selbstverständlich auch für Kinder – liegt nicht so sehr in den konkreten Anordnungen. Sie liegt im Grundsätzlichen: Daß Erwachsene sich *überhaupt* herausnehmen, etwas anzuordnen oder zu verbieten.

Wir haben nun als Mutter, Vater, Lehrer oder Erzieher die Möglichkeit, darauf zu verzichten, daß wir uns durchsetzen. Wir haben das Recht dazu. Wer würde es uns streitig machen? Wenn wir auf das Durchsetzen verzichten wollen – wir können es, es fällt in unsere Zuständigkeit. Eventuell werden wir uns dafür Kritik einhandeln: »Du läßt aber auch alles durchgehen.« Aber niemand stellt in Frage, daß wir in konkreten Fällen auf die Herrschaft über Kinder verzichten können.

Doch daß wir überhaupt darauf verzichten können, bei Kindern etwas durchzusetzen, bedeutet auch, daß Kinder von unserer »Großzügigkeit« abhängig sind. Kinder haben nicht den gleichen Status wie wir. Sie können nicht ins Spiel bringen, daß niemand das Recht hat, ihnen gegenüber etwas durchzusetzen.

Aber nur dies, meine ich, ist richtig. *Grundsätzlich* haben Erwachsene kein Recht, Kindern gegenüber etwas durchzusetzen. Es gibt keine wirkliche Berechtigung, über einen anderen Menschen Herrschaft auszuüben, über niemanden, *auch nicht über Kinder.*

Ich jedenfalls habe für mich erkannt, daß ich keinen Herrschaftsanspruch habe, wenn ich mit Kindern zusammen bin.

Das Ablegen dieses Herrschaftsanspruchs kommt nicht nur aus der Überlegung, daß Kinder wie alle Menschen eine unantastbare Würde besitzen, daß sie souveräne Menschen sind wie jeder andere auch. Die Aufgabe des Herrschaftsanspruchs kommt neben solchen intellektuellen Motiven vor allem aus meinem Gefühl: Ich will einfach nicht mehr jemand sein, der sich das Recht herausnimmt, ein Herrscher über Kinder zu sein. Dies bereitet mir unangenehme Gefühle, Widerwillen, Abscheu. Ich finde das nicht nur nicht gerechtfertigt, sondern auch abstoßend. Genau so, wie ich Widerwillen habe, wenn ich etwa für Menschen mit einer anderen Hautfarbe zum Herrscher werden sollte – wie es aber vor noch nicht allzu langer Zeit für einen Weißen selbstverständlich war. Ich habe nicht nur mit dem Verstand, sondern auch mit meinem Herzen die Position der Gleichwertigkeit aller Menschen – auch der Kinder – eingenommen.

Im Erwachsenenalltag sind wir es ja auch sehr wohl gewohnt, daß wir kein Recht haben, andere Menschen zu beherrschen. Wir haben keinen Herrschaftsanspruch an die anderen. Wir gehen mit ihnen auf einer gleichen Basis um, wir bitten, und gelegentlich üben wir auch Druck aus. Das Ausüben von

Druck auf andere ist dabei von der aktuellen Situation abhängig. Doch das Gefühl, daß der andere sich beugen *müsse* – also einen Herrschafts*anspruch* – haben wir nicht. Vielleicht fügt sich der andere, dann war der Druck erfolgreich. Aber er hätte es nicht tun müssen, es besteht keine Verpflichtung hierzu – und für uns kein Recht, dies zu erwarten.

Nur Kindern gegenüber ist das alles ganz anders. Dort gibt es eine Grundgröße, ein Selbstverständnis, ein Gefühl, ja ein Rechtsgefühl (ein Gefühl, daß man im Recht ist und das sich auch längst in juristischen Regeln ausgedrückt hat): Erwachsene können Kindern sagen, was sie zu tun und zu lassen haben. Erwachsene sind dazu berechtigt. Erwachsene haben den Anspruch, daß Kinder folgen. Im Unterschied zum Verhalten der Erwachsenen untereinander gehört im Umgang mit Kindern der Herrschafts*anspruch* dazu.

Den Herrschaftsanspruch anderen Menschen gegenüber gab es auch unter Erwachsenen. Und die Menschen konnten sich davon befreien. Von der Folter, der Leibeigenschaft, der Sklaverei, der Frauenunterdrückung, dem Absolutismus, dem Rassismus, dem Kolonialismus, dem Kommunismus. Das Ablegen des Anspruchs, über andere zu herrschen, hat eine lange und gute Tradition in der Geschichte der Menschheit.

Erwachsene können heute erkennen, daß sie ihre Kinder in der Tradition des Herrschaftsanspruchs großziehen. In der Tradition, in der sie selbst, ihre Eltern und die Eltern ihrer Eltern großgeworden sind: Kinder sind der Herrschaft Erwachsener unterstellt. Doch man kann noch einmal nachdenken und noch einmal hinsehen. Man kann – mit einer neuen Perspektive – bemerken, daß es wirklichkeitsfremd und unwürdig ist, Kindern die Fähigkeit zur Selbstverantwortung abzusprechen, sich für sie verantwortlich zu fühlen und sie zu beherrschen. Es gibt heute ein neues Gefühl für die Würde des Kindes – dem können Erwachsene nachspüren und in der Tradition der Menschenrechte gleichwertige Beziehungen mit Kindern beginnen.

4. ... und die Erziehung überwinden

Es gibt viele Definitionen von Erziehung. Meine beruht auf der Grundhaltung aller Erziehenden: Ihres Anspruchs, besser zu wissen als andere, was für diese gut ist. So hat ein erzieherischer Erwachsener den Anspruch, besser zu wissen als das Kind, was für es gut ist, besser als das Kind selbst. Und er gibt sich dafür Berechtigungen: »Ich bin erfahrener« – »Ich bin älter« – »Ich habe die Verantwortung«. Oder andersherum: »Du bist unerfahren« – »Du bist zu klein« – »Du kannst das nicht selbst verantworten«. Dieser Anspruch hat eine eigene Dynamik. Erzieherische Menschen behalten ihr Besser-Wissen nicht für sich, als ihre Privatmeinung. Sondern sie sind mit Eifer dabei, das in die Tat umzusetzen, was sie für das Beste des anderen halten.

Es gibt viele Möglichkeiten, wie sich der erzieherische Anspruch äußert. Dies ist jeweils historisch und gesellschaftlich bedingt. Wir kennen heute die Verwirklichung des erzieherischen Anspruchs als »Autoritäre Erziehung«, »Antiautoritäre Erziehung«, »Demokratische Erziehung«, »Partnerschaftliche Erziehung«, »Laisser-faire-Erziehung«, »Humanistische Erziehung«, »Sozialistische Erziehung«, »Kritische Erziehung«, »Emanzipatorische Erziehung«, »Montessori-Erziehung«, »Waldorf-Erziehung«, »Religiöse Erziehung«, usw. usw. Alle Erziehungsvarianten haben eines gemeinsam – wenn sie sich auch sonst sehr unterscheiden mögen. Nämlich den Anspruch des einen, besser zu wissen als der andere, was für diesen gut ist, und die daraus resultierende Handlungsdynamik: *Die pädagogische Mission*. Dieses Basiselement aller Erziehung liegt meinem Erziehungsbegriff zugrunde.

Alle Beeinflussungen, die *nicht* mit einem erzieherischen Anspruch verknüpft sind, nenne ich nicht Erziehung, sondern einfach nur Beeinflussung. Diese – erziehungsfreien – Beeinflussungen geschehen dauernd, niemand kann sich ihnen entziehen. Das Tageslicht, die Farbe einer Blume, die Information, die ohne erzieherischen Anspruch gegeben wird. Man kann nun diese erziehungsfreien Beeinflussungen auch unter dem Begriff Erziehung einordnen und sagen, alles sei Erziehung. Doch ich spreche nur beim Vorliegen des erzieherischen Anspruchs mit seiner Handlungsdynamik von Erziehung, sonst von Beeinflussung.

Wenn einer erzieht, stellt er sich über den anderen und gibt ihm die Richtung an. Und er sorgt dafür, daß der andere dann auch in diese Richtung geht. Wenn der andere nicht von selbst geht, wird nachgeholfen. Und »Nachhelfen« ist ohne die Ausübung von Herrschaft nicht zu bewerkstelligen. Wobei man viele Arten von Macht anwenden kann. Angefangen beim Einreden eines schlechten Gewissens über die »Selbsteinsicht« bis hin zu Einsperren und Schlägen. Erziehung zielt immer darauf ab, daß der andere auch zu tun beginnt, was man ihm als sein Bestes vorschreibt.

Herrschaft: Ich setze mich dem anderen gegenüber durch. Ich bin derjenige, nach dessen Willen gehandelt wird. Wie ich will, so geschieht es. »Tu, was ich sage.« Ich gebe eine Anordnung und setze durch, daß sie befolgt wird. Beim Herrschen ist es nicht erforderlich, zusätzlich die innere Haltung zu haben, meine Anordnung sei für den anderen das Beste. Beim Herrschen reicht es völlig aus, wenn ich – ohne viel über den anderen nachzudenken – will, daß dies und das geschieht. Egal, ob zu meinem oder eines anderen Besten. Meistens wird es beim Herrschen so sein, daß das gemacht wird, was für mich selbst gut ist, was meinen Wünschen und Vorstellungen entspricht. Wenn ich sage »Mach Hausaufgaben«, so kann dahinterstecken: »Weil ich keinen Ärger mit dem Lehrer haben will.« Die Anordnung erfolgt zu meinem eigenen Vorteil, es findet keine Erziehung statt. Es kann aber auch dahinterstecken: »Weil das gut für Dich und Deinen Schulerfolg ist« – dann ist es Erziehung, und die eingesetzte Herrschaft (den Druck, der aus dieser kurz gehaltenen Anweisung kommt) übe ich zum »Besten« des Kindes aus.

Wozu ist es gut, sich diesen Unterschied klarzumachen? Ist es für die Kinder nicht gleich, ob reine Herrschaft (zum Besten des Erwachsenen) oder ob Herrschaft durch Erziehen (zum angeblich Besten des Kindes) ausgeübt wird? Ist Herrschaft nicht gleich Herrschaft?

Ich sehe den Unterschied darin, daß etwas Unterschiedliches vom Erwachsenen ausgesendet wird und daß auch etwas Unterschiedliches beim Kind ankommt. Das Kind spürt entweder – beim reinen Herrschen –, daß der Erwachsene sich für sein eigenes Erwachsenen-Wohlbefinden auf Kosten des Kindes einsetzt. Daß er unterdrückt, um eigene Ziele zu verfolgen. Dabei läßt er das innere System des Kindes unangetastet – die Ich-Auffassung des Kindes, sein Selbstwertgefühl, seine eigene Art, sich zu verstehen. Er verlangt »nur«, daß getan wird, was er will. Das ist dann zwar schlimm genug – aber er mischt sich nicht noch obendrein in die inneren Angelegenheiten dieses anderen souveränen Menschen – des Kindes – ein.

Oder das Kind spürt – beim Erziehen –, daß da vom Erwachsenen außer dem Anordnen noch etwas anderes mitgeschickt wird: »Ich habe recht« – »Sieh das ein« –»So, wie Du Dich verstehst, darfst Du gar nicht sein« – »Ändere Dich« – »Werde ein besserer Mensch« – »Es ist zu Deinem Besten«. Beim Erziehen schwingt eine besondere innere Haltung des Erwachsenen mit, seine pädagogische Mission, sein »Ich bin für das Kind verantwortlich und ich weiß, was für das Kind gut ist«. Dem Kind wird deutlich, daß es nicht nur tun soll, was der

Erwachsene verlangt. Sondern daß er dies auch als das Beste für das Kind einstuft und daß er – darüber hinaus – will, daß das Kind diese seine Erwachsenensicht teilen und als *für sich selbst richtig* bewerten soll. Es geschieht beim Erziehen also etwas Äußeres: Das sichtbare Miteinanderumgehen (das durchaus nett, partnerschaftlich und freundlich aussehen – *aussehen* – kann). Und etwas Inneres: Der unsichtbare erzieherische Anspruch des Erwachsenen erreicht das Kind und sagt ihm, daß es nicht nur folgen, sondern auch einsehen, bejahen soll, was der Erwachsene von ihm will. *Daß es so, wie es ist – wie es nun mal gerade ist – nicht sein darf und sich so nicht lieben darf!*

Diese innere Komponente der Erziehung kommt auf verschiedenen Wegen beim Kind an. Im Tonfall, in der Mimik und Gestik, in der ganzen Art dieses Erwachsenen. Die innere Haltung »Ich bin für das Kind verantwortlich und ich weiß, was für das Kind gut ist« ist nicht an die Sprache gebunden. Doch sie ist deswegen nicht weniger wirksam. Vor allem aber ist sie seelisch viel schädlicher als die offene und erwachsenen-eigennützige reine Herrschaftsausübung: Sie greift das innere System des Kindes an, sie zersetzt seine Ich-Auffassung, sie beschädigt seine eigene, in sich gespürte und tief verwurzelte Identität, seine Selbstliebe. »Mach Hausaufgaben« mit Erziehungsanspruch läßt das Kind spüren: »Was fällt Dir ein, jemand zu sein, der keine Hausaufgaben machen will? So etwas gehört sich nicht. So jemand darfst Du nicht sein. *So jemand darfst Du nicht einmal sein wollen.*«

Entweder wird reine Herrschaft ausgeübt: »Du machst jetzt die Hausaufgaben, basta!« Oder es wird erzogen: »Du machst jetzt die Hausaufgaben, bitte!« Reine Herrschaft ist eindeutig und steht für sich. Erziehung hingegen ist eine vielschichtige Zumutung ohne Ende:

»Hausaufgaben sind wichtig. Du verstehst dann besser, was Du durchgenommen hast. Wenn Du sie fertig hast, wirst Du stolz sein. Du willst doch eine gute Arbeit schreiben. Du wehrst Dich nur, weil es unbequem ist. Es gibt nichts umsonst. Sei nicht so bockig. Du mußt ja doch nachgeben. Ich meine es nur gut mit Dir. Ich verstehe Dich ja, aber was sein muß, muß sein. Sieh es doch ein.« Dem Kind zeigen, wie wichtig Hausaufgaben sind. Bewußt machen, daß Unlust keine Grundlage für sinnvolles Handeln ist. Auf das Erfolgserlebnis (gut) gemachter Hausaufgaben hinarbeiten (Genugtuung, Stolz, Selbstüberwindung, Sich-im-Griff-Haben, Kompetenz erwerben, dem Unterricht gewachsen sein, vor dem Lehrer gut bestehen können, vom Lehrer als Vorbild hingestellt werden). Das Inakzeptable nicht gemachter Hausaufgaben aufzeigen. Die Entwicklung einer positiven Einstellung zu Schule und Hausaufgaben fördern. Und tausend Dinge mehr.

Wenn ein Kind im Falle von eindeutiger und reiner Herrschaftsausübung nachgibt und tut, was von ihm verlangt wird, kann es seine Selbstachtung behalten und innerlich die Person bleiben, die es sein will. »Der mit seiner Angst vor dem Pauker. Wenn es nach mir ginge, bräuchte ich keine Hausaufgaben zu machen. Natürlich bin ich im Recht, auch wenn ich jetzt schreibe, weil der mich zwingt.« Gegen Erziehung anzukommen ist viel schwerer. Die Kinder müssen dann so stark und stabil sein, daß sie den komplexen und undurchsichtigen psychischen Angriff des »gutmeinenden« Erwachsenen zurückweisen können. Doch welches Kind kann das? Die Kinder brauchen die Zuwendung und Liebe ihrer erziehenden Erwachsenen – und so geschieht Schreckliches: Die Kinder werden in ihrem Ich-Verständnis gestört und sie werden von sich selbst entfremdet. Letztlich werden sie seelisch krank und deswegen auch sozial gefährlich. Und da (fast) alle heutigen Menschen erzogen wurden bzw. erzogen werden, ergibt sich die erschreckende Erkenntnis, daß wir in einer erziehungstraumatisierten Welt leben.

5. Wissen, was gut ist

Ich mache mir durchaus Gedanken darüber, was für andere gut ist. Mir ist dabei aber stets klar, daß dies einzig meine eigenen Überlegungen sind und daß sie nur in meinen Zuständigkeitsbereich fallen. Daß sie nicht über den Auffassungen anderer stehen und daß sie nicht irgendwie »objektiv« richtig sind. Wenn ich mir überlege, was für einen anderen gut ist, dann ist dies *meine* Überlegung und sie hat keinen Anspruch, wirklich das Maßgebende für den anderen zu sein, oder gar, daß dieser einsehen müsse, daß ich recht habe.

»Auf der Mauer balancier lieber nicht, die ist zu rutschig vom Regen.« – »Laß die kaputte Flasche liegen, da schneidest Du Dich nur.« – »Bloß kein Eis mehr, Du verdirbst Dir den Magen.« – »Nicht so wild, das Rad geht kaputt und Du tust Dir weh.« – »Wenn Du weiterkletterst und runterfällst, brichst Du Dir noch etwas.«

Ich teile mit, was *meiner Meinung nach* für den anderen gut ist. Und ich habe auch kein Problem damit, dies dann als »Ich weiß, was für Dich gut ist« zu bezeichnen. Oder genauer: »Ich weiß, was für Dich gut sein *könnte*«. Aber es kommt nicht auf die Wahl der Worte an, sondern auf die innere Haltung. Wenn jemand sagt »Ich weiß, was für Dich gut ist« und dabei die innere Haltung hat »Und richte Dich danach, tu, was ich sage, *denn ich weiß es schließlich besser als Du*«, dann schwingt da etwas Herabsetzendes mit, und dies lehne ich ab.

Mein Gefühl, meine Einsicht, meine Erfahrung zu dem, was für Kinder gut ist – sein könnte! – verberge ich nicht. Diese Dinge sind schließlich in mir. Ich gebe dies an die Kinder weiter, so wie ich auch meinen erwachsenen Freunden Rat gebe und ihnen Vorschläge mache. Im Unterschied zur erzieherischen Haltung lasse ich es aber beim Informieren und bestehe nicht darauf, daß ich recht habe, und daß die Kinder meine Auffassung teilen und mir *innerlich* zustimmen sollen.

Ob sich ein Kind *im Handeln* nach dem richten wird, was ich sage, hängt von vielen Faktoren ab. Sicher folgen die Kinder oft meinen Vorgaben, und ebenso sicher ist, daß sie das oft nicht tun. Aus den vielfältigsten Gründen heraus kann ich ihr Nein häufig akzeptieren. Aber es kann genauso gut vorkommen, daß ich eine Ablehnung meines »Ich weiß, was für Dich gut ist« nicht vertragen kann und durchsetze, daß gemacht wird, was ich will. Dann bin ich zu ungeduldig, zu ängstlich, zu verärgert, zu überzeugt, zu informiert oder sonst irgendwie »klüger«.

Ich übe dann Herrschaft aus, damit geschieht, was ich will. Das ist klar, und das kann ich dann gerade nicht vermeiden, obwohl ich es ja eigentlich nicht will. Doch es gibt einen großen Unterschied zwischen meinem »Tu, was ich als gut für Dich ansehe« und dem erzieherischen »Tu, was ich als gut für Dich ansehe.« Wenn ich Herrschaft ausübe und mich durchsetze, schwingt nicht der Anspruch mit, daß das Kind sich auch meiner Bewertung unterwerfen soll. Ich beschränke mich auf das Ausüben von Herrschaft, auf das Durchsetzen, und lasse es in Ruhe damit, ob es das nun einsehen wird oder nicht. Bei aller Herrschaft, die immer wieder von mir ausgeht – es ist kein erzieherischer Anspruch dabei, kein Angriff auf das Selbstwertgefühl und die Identität des Kindes. Ich unterwerfe nicht auch noch seine Gesinnung, wenn ich es schon zu einem bestimmten Verhalten zwingen sollte. Und die Kinder können meinen Zwang und das, wozu ich sie zwinge, für völlig unmöglich halten. Das fordert mich nicht heraus und macht mich nicht aggressiv. Sie können ihre Meinung über mich zurückhalten oder offen aussprechen. Und oft ist es so, daß ihr freimütiger Protest mein Herrschen unterbricht und beendet.

Als Arnd einmal bei mir übernachten wollte, sagte ich, es wäre sicher gut für ihn, zu Hause anzurufen und Bescheid zu sagen. Sonst würde er morgen Schwierigkeiten bekommen. Seine Eltern müßten wissen, wo er ist. »Ach, das ist doch nicht so wichtig.« »Du kriegst aber bestimmt riesigen Ärger.« »Macht nichts.« »Wenn ich für Dich anrufe, sieht es blöd aus.« »Ist doch nicht mein Problem.« Er wollte nicht tun, was für ihn das Beste war! Und ich begann zu herrschen: »Dann kannst Du nicht hierbleiben.« »Na gut, wenn es sein muß. Aber ich finde es total überflüssig. Du stellst Dich ganz schön an.« Er tat dann, was ich wollte, aber er behielt seine eigene Bewertung. Da ich nicht den Anspruch hatte, wirklich recht zu haben und daß er dies einsehen müsse, griff ich ihn in seinem Selbstwertgefühl nicht an. Und nur deswegen blieb er überhaupt noch.

Wissen Kinder, was für sie gut ist? Sie wissen es entsprechend ihrem Erfahrungs- und Bewertungshorizont, wie das bei jedem Menschen der Fall ist. Beispiel Kind: Es will einen Weihnachtsbaum anzünden, um sich an der erhofften Wirkung (Feuerwerk) zu erfreuen. Und hat Vorsorge für den Notfall getroffen (Wassereimer). Beispiel Erwachsener: Er will ein Atomkraftwerk bauen, um sich an der erhofften Wirkung (Energiegewinn) zu erfreuen. Und hat Vorsorge für den Notfall getroffen (Katastrophenplan). Aus *ihrer* Sicht wissen die anderen sehr wohl, was für sie gut ist ... Ich bin da oft ganz anderer Meinung, aus meiner Erfahrung und Bewertung heraus. Doch auch wenn eine Verständigung gelingt, und sie gelingt mit Kindern oft genug (das Streichholz wird weggelegt) oder nicht gelingt (das Atomkraftwerk geht ans Netz) – ihr subjektives Wissen ist meinem subjektiven Wissen stets gleichrangig.

Denn unser aller Wissen ist immer nur subjektiv wahr, objektives und damit »wertvolleres« oder »besseres« Wissen existiert überhaupt nicht. Dem zuzustimmen – daß es keine

Objektivität der Erkenntnis gibt – ist natürlich nicht jedermanns Sache. Dies ist jedoch meine Überzeugung, sie gründet im Paradigma der Postmoderne, der *Gleichwertigkeit aller Phänomene.* Und wenn ich auch allemal meinem Wissen verpflichtet bin und dies notfalls durchsetze – so steht es mithin nicht über dem Wissen eines anderen, auch nicht über dem Wissen eines Kindes, und verdrängt nicht meinen Respekt davor, daß jedes Kind wie jeder Mensch sehr wohl weiß, was für es gut ist. Im übrigen ist das Wissen der Kinder nicht von der Art, wie wir Erwachsene etwas wissen. In ihrem Wissen gibt es ein verläßliches Gespür für das Angemessene – eine emotionale Sicherheit, die auf Selbstvertrauen beruht. Dieses Wissen der Kinder ist ein Wissen, wie es ursprünglich aus uns kommt, es ist ein Wissen von innen.

II   Erziehungsfreie Wirklichkeit

1. Alltag jenseits der Erziehung

In vielen Diskussionen geht es nur um das »Ob«: Ob es
denn überhaupt möglich sei, sich vom Verantwortungsgefühl und vom Erziehungsdenken zu lösen; ob das denn
sinnvoll sei; ob das den Kindern nicht schade; ob das nicht
Utopie sei; ob das nicht egoistisch sei; ob das konstruktiv
sei; ob das funktionieren könne. Meine Antwort ist stets
dieselbe: »Es ist möglich, es ist sinnvoll, es ist konstruktiv
und es funktioniert.«

»Aber was machen Sie denn, wenn Ihr Kind in die Steckdose
fassen will?« Die Menschen wollen dann wissen, wie man
jenseits der Erziehung lebt. Doch wenn ich antworte, daß
auch ich mein Kind von der Steckdose zurückhalte – was ist
damit gewonnen? Ist dann etwas von den erziehungsfreien
Dingen deutlich geworden?

»Wenn Sie verstehen wollen, wie erziehungsfreie Menschen
mit den Anforderungen der Praxis zurechtkommen, wenn
Sie interessiert, was das Erziehungsfreie an meiner Praxis ist,
dann bitte ich Sie um etwas Geduld. Es geht nicht nur um
konkrete Lösungen, sondern um Lösungen *auf erziehungsfreie
Art,* und das zu verstehen ist nicht ganz einfach.« Es beginnt
ein Gespräch, in dessen Verlauf nach und nach deutlich
wird, was die erziehungsfreie Praxis charakterisiert und wor-
in sie sich von der pädagogischen Praxis unterscheidet.

Die erziehungsfreie Praxis ist mit denselben Fragen und
Problemen konfrontiert, wie sie in allen Familien auftau-
chen. Eine Herdplatte ist heiß, die Straße ist gefährlich, die
Schulpflicht besteht, zu spät ins Bett gehen ist ungesund,
Zucker verdirbt die Zähne, zu viel Fernsehen ist schädlich,

Hustensaft ist nötig, im Auto wird sich angeschnallt, an den Haaren ziehen tut weh, zu spät kommen bringt Ärger, und so weiter und so fort.

»Lassen Sie Ihr Kind verhungern, verbrennen, ertrinken, überfahren, andere schlagen, Sachen zerstören ...?« Tausend Fantasien. »Nein, lasse ich nicht.« Eine einzige, klare Antwort.

Die erziehungsfreie Sicht katapultiert mich nicht aus der Wirklichkeit. Und dennoch ist es anders als in der Wohnung nebenan, in der die Eltern mit der pädagogischen Sicht vom Kind leben. Was den Unterschied ausmacht, ist die erziehungsfreie Einstellung – und ihre Auswirkung.

Es ist zu einseitig, wenn man die Praxis nur unter dem Aspekt der anfaßbaren Dinge und der körperlichen Abläufe sieht. Denn Menschen existieren nicht allein im Bereich des Gegenständlichen, wie Roboter. Wir leben auch in einer unsichtbaren Welt: in der Welt der Gefühle, der Wertungen und Interpretationen. Alles Dingliche und jede Handlung wird mit unserer Inneren Welt begleitet. Die Wirklichkeit von Robotern ist die Äußere Welt. Die Wirklichkeit des Menschen ist mehr. Sie besteht aus zwei Dimensionen: Außen und Innen, Dinge und Gefühle, Körper und Seele. Zusammen ergeben sie die Wirklichkeit des Menschen.

Jemand kommt nach Hause und will die Tür aufschließen, doch der Schlüssel paßt nicht. Das ist etwas zum Anfassen, aus der Welt der Dinge: Dieser Schlüssel paßt nicht. Wenn man mit dem Schlüssel vor der Tür steht, ereignet sich auch in einem selbst etwas. Wie fühlt sich das an, mit einem Schlüssel, der nicht paßt, vor der Tür zu stehen? »Der Schlüssel paßt nicht« ist der eine Teil der Wirklichkeit, der physische Teil. »Ich bin verärgert« ist ihr psychischer Teil. »Der Schlüssel paßt nicht, und ich bin verärgert« ist die ganze Wirklichkeit.

Die Wirklichkeit des Beispiels besteht aus einem dinglichen Teil (nicht passender Schlüssel) und aus einem emotionalen Teil (verärgert sein). Die erziehungsfreie Praxis ist nicht – wie immer wieder vermutet wird – in ihrem dinglichen Teil verschieden von der Praxis pädagogischer Menschen. Wie in der pädagogischen Welt gibt es auch in der erziehungsfreien Praxis bei einem Problem entweder vielfältige oder stets dieselben Lösungen. Auch bei erziehungsfreien Menschen ist es so, daß sie ihre Kinder uneingeschränkt Süßigkeiten essen lassen oder eingeschränkt oder gar nicht (Vielfalt der Lösungen), auch bei erziehungsfreien Menschen verhindert jeder, daß sein Kind unter den Lastwagen kommt (Gleichheit der Lösungen).

Wenn man nur die Äußere Welt betrachtet, sieht die erziehungsfreie Praxis sehr oft genauso aus wie die pädagogische, in der Vielfalt oder Gleichheit der Lösungen konkreter Probleme. Wie in einem Stummfilm erkennt man die Handlungen. Die eine Mutter holt ihr Kind von der Steckdose fort, die andere auch. Welche von beiden ist die erziehungsfreie Mutter? Das läßt sich so nicht herausfinden. Nicht, wenn man die Welt der Gefühle unberücksichtigt läßt, nur auf die Handlung sieht und keinen Ton beim Film hört.

Erst wenn wir uns die Szene als Tonfilm vorstellen, wird es deutlich. Jetzt erhalten wir Informationen über die Gefühle, die sich in der Wahl der Worte und in der Höhe und Tiefe der Stimme, ihrer Klangfarbe und ihrem Ausdruck mitteilen. Nun werden die anderen Körperbotschaften der Seele (Koordination, Mimik, Gestik) erst richtig verständlich, und wir können etwas über die Einstellungen der beiden Mütter erfahren. Wir erkennen, daß sie zu sich selbst, zu ihren Kindern und zur Welt grundlegend verschiedene Haltungen haben: eine erziehungsfreie oder eine pädagogische Haltung. Und was immer wieder gleich aussieht, ist doch im Grunde verschieden.

2. Selbstverantwortlich von Anfang an

Aus erziehungsfreier Sicht sind Menschen von Anfang an zur Selbstverantwortung befähigt, und zwar zu hundert Prozent. »Ich bin für mich selbst verantwortlich« ist die existentielle Mitteilung des Neugeborenen, wie erziehungsfreie Menschen sie wahrnehmen. »Liebe mich, unterstütze mich, sorge für mich, sage authentisch nein, wenn Dir etwas zu viel wird – aber respektiere meine Selbstverantwortung. Du bist nicht für mich verantwortlich, denn dies bin ich selbst, in den Monaten vor der Geburt ebenso wie mein ganzes weiteres Leben bis zum Tod. Ich fühle selbst, was für mich gut ist und was für mich schlecht ist. Du kannst niemals besser wissen als ich, was für mich das Beste ist.«

Diese psychische Wahrnehmung vom Kind ist radikal anders als die pädagogische Interpretation, als das »Ich liebe Dich, doch Du bist nicht für Dich verantwortlich. Dies bin ich an Deiner Stelle, bis Du es eines Tages selbst sein wirst. Dein Gefühl, was für Dich gut ist und was für Dich schlecht ist, ist nicht wirklich von Bedeutung. Ich weiß besser als Du, was für Dich gut ist.«

Beide Wahrnehmungen – die erziehungsfreie und die pädagogische – sind keine objektiven Aussagen, sondern subjektive Wahrheiten, Menschenbilder. Es sind unsere Fantasien vom Menschen, und sie spiegeln die jeweilige Sicht des Interpreten, nicht aber Objektives. Ich verstehe also die Kinder – und damit mich selbst – auf andere Weise als ein pädagogischer Mensch die Kinder – und damit sich selbst – sieht.

»Ich bin kein Erziehungsmensch, sondern ein ganz normaler Mensch. Du mußt mich nicht erst zu einem vollwertigen Menschen machen, ich bin vollwertig von Anfang an. Du mußt mich nicht erziehen. Deine subjektiven Mitteilungen und Erfahrungen sind willkommen. Deine subjektiven Behinderungen sind unangenehm, aber ich werde damit schon zurechtkommen. Doch wenn Du ausgibst, daß irgend etwas objektiv zu meinem Besten geschehen soll und daß ich etwas wirklich noch nicht richtig beurteilen könne und daß ich erst lernen müsse, zu erkennen, was gut und was schlecht für mich ist – dann erkennst Du nicht *meine* Wirklichkeit, sondern *Deine*. Dann hast Du mir gegenüber die traditionelle, die pädagogische Sicht. Dann hast Du den Herrschaftsanspruch kultureller Mission, wie ihn früher die Weißen gegenüber den Afrikanern und Indianern hatten. Ich erwarte Deinen Respekt und Deine Achtung vor meiner Fähigkeit, *selbst* mein eigenes Bestes wahrnehmen zu können. Ich habe eine eigene souveräne Innere Welt wie Du. Laß uns Beziehungen von dieser Basis her aufnehmen, von Gleich zu Gleich, bei allen Unterschieden.«

Die Botschaften des Kindes sind aus erziehungsfreier Sicht eindeutig. Ich nehme sie in mir wahr, als Botschaften der eigenen Kindheit, in emotionaler Verbundenheit zu den heutigen Kindern. Meine Beziehungen zu Kindern haben diese Grundlage. Jeder, der erziehungsfreie Praxis realisiert, fühlt dies als subjektive Wahrheit in sich und teilt es auf der gefühlsmäßigen Ebene auch mit.

Menschen sind selbstverantwortlich von Anfang an. Das ist die anthropologische Hypothese und die psychische Wahrheit der erziehungsfreien Weltsicht. So wie die Auffassung, daß Menschen dies nicht sind, die anthropologische Hypothese und die psychische Wahrheit der pädagogischen Weltsicht ist.

Eine erziehungsfreie Mutter fühlt, daß ihr Kind – wie sie und wie alle Menschen – das eigene Beste selbst spürt. Die erziehungsfreie Weltsicht ist in ihr präsent. Das bedeutet nicht, daß sie dauernd darüber nachdenkt. Präsent sein heißt, daß die erziehungsfreie Sicht in ihr »ist«, zu ihr gehört, wie auch ihre Liebe zu ihrem Kind. Sie sagt mit dem Herzen: »Ich liebe Dich, doch ich bin nicht für Dich verantwortlich.« Und das Kind antwortet: »Deine Liebe tut mir gut, und Deine Achtung vor meiner Inneren Welt und meiner Selbstverantwortung unterstützen mich.«

Eine pädagogische Mutter sagt mit dem Herzen: »Ich liebe Dich, und ich bin für Dich verantwortlich.« Und das Kind antwortet: »Deine Liebe tut mit gut, aber daß Du für mich die Verantwortung beanspruchst, ist schrecklich.«

Wenn auch beide Mütter in der Welt der Dinge das gleiche tun können, in der Welt der Gefühle besteht ein großer Unterschied. Deswegen sind die Wirklichkeiten, die so gleich aussehen, gänzlich unterschiedlich: erziehungsfreie Wirklichkeit hier und pädagogische Wirklichkeit dort.

»Aber ist das nicht belanglos? Es passiert doch dasselbe! Ist der gefühlsmäßige Unterschied für die Kinder überhaupt wichtig? Für die Kinder geht es doch nur darum, ob sie etwas tun können oder nicht!«

Eine solche Reaktion übersieht, was das Verantwortungsgefühl des Erwachsenen für Kinder bedeutet. »Ich bin für Dich verantwortlich« heißt: »Du bist es noch nicht.« Wenn aber ein Kind spürt – und davon bin ich überzeugt –, daß es sehr wohl selbst das eigene Beste wahrnehmen kann, dann ist diese psychische Aussage des Erwachsenen – sein Verantwortungsgefühl – ein Angriff auf das Selbst und die Identität des Kindes. Dieser psychische Angriff ist um so verwirrender, als er mit Liebe einhergeht, denn Liebe und Verantwortung gehören zusammen – sagt die Tradition. »Kannst Du mich nicht lieben und mir dabei meine Selbstverantwortung lassen?« – »Du bist nicht jemand, der selbst spüren kann, was für ihn gut ist.« – »Doch« – »Nein« – »Doch« – »Nein« usw. usw.

Diese endlose seelische Konfrontation beginnt in erzieherischen Familien am Geburtstag, und sie findet auch am zweiten Lebenstag statt und am dritten. Sie dauert die erste Woche an, die zweite Woche, die dritte Woche, den ganzen ersten Monat, den zweiten, den dritten, das erste Jahr, das zweite Jahr, das dritte Jahr – 16, 17, 18 Jahre, ein Kinderleben lang. Immer und immer wieder, ohne Alternative, in großen und kleinen, in ärgerlichen und schönen Dingen – stets und überall dieser »gutgemeinte« Angriff auf das Selbst. Aufzuwachsen in einem solchen Alltagsklima hat verheerende Folgen für die Kinder: Sie beginnen, den Glauben an sich zu verlieren. Ihre Selbstliebe nimmt ab, und im gleichen Umfang auch ihr mitgebrachtes Selbstverantwortungsgefühl. Mit der Zeit verringert sich dann das Vertrauen in die anderen Menschen, repräsentiert durch diese Erwachsenen. Wer Kinder liebt *und* sich für sie verantwortlich fühlt, verkennt die Realität der Kinder und verletzt sie dadurch psychisch. Geschädigt an Selbstvertrauen und sozialem Vertrauen verlassen so aufgewachsene junge Menschen erziehungstraumatisiert die Kindheit. Und gehen mit dieser erlernten – pädagogischen – Einstellung dann später an die Erziehung ihrer Kinder heran ...

Es ist also nicht belanglos, welche Einstellungen die Kinder bei den Erwachsenen vorfinden, ob sie in einer erziehungsfreien Beziehung großwerden oder nicht.

3. Harmonie

In der erziehungsfreien Beziehung muß die Innere Welt des Kindes niemals irgendwelchen Werten, Erfahrungen und Einsichten der Erwachsenen untergeordnet werden, sondern sie kann vorbehaltlos geachtet werden. Und die Kinder können ganz grundlegend gemocht werden, wie immer sie sind. Achtung und Wertschätzung kommen aus der Selbstakzeptanz und Selbstliebe der erziehungsfreien Erwachsenen. Sie sind keine Norm, derentwegen sich die Eltern zugunsten ihrer Kinder in die Pflicht nehmen. In den Konflikten begegnen sich gleichwertige Könige. Eine andere Einschätzung, die Ablehnung eines Verhaltens, Ärger, Ungeduld, ein Wutausbruch – all das ist anstrengend, kappt aber nicht die positive emotionale Verbindung. Die pädagogische Mission (»Sieh das ein«, »Es ist zu Deinem Besten«, »Ich bin für Dich verantwortlich«) mit ihren verheerenden Folgen (sich nicht geliebt fühlen, sich herabgesetzt fühlen, nicht mehr an sich und die anderen glauben) gibt es in der erziehungsfreien Familie nicht. Eine neuartige Entspannung charakterisiert den Alltag.

Positive Mitteilungen aus dem erziehungsfreien Zusammenleben klingen oft unglaubwürdig. Aber erziehungsfreie Menschen erleben eine beiläufige Harmonie, die in all den vielen Jahren erziehungsfreier Praxis – die ältesten erziehungsfrei aufgewachsenen Kinder sind heute erwachsen und haben selbst Kinder – Bestand hat. Jeder Tag ist in seinen vielen kleinen Situationen die Verwirklichung des Traums, hier und heute glücklich mit den Kindern zu leben.

Was bedeutet das konkret? Ich will aus der Fülle der täglichen Ereignisse einige Situationen beschreiben. Ich will damit nicht sagen, daß so etwas in pädagogischen Familien nicht vorkommt – aber es kommt dort nicht in dieser Dichte und Selbstverständlichkeit vor. Diese Beispiele erziehungsfreier Praxis – meiner eigenen und die anderer erziehungsfreier Familien – sind nicht vorzeigbare Ausnahmen, so wie man die Kinder gern hätte, wenn die Erziehung gelingt, sondern erziehungsfreier Alltag. Ein Alltag, der einem unwirklich vorkommt, wenn man die Erfahrungen und Ergebnisse pädagogischer Kommunikation vor Augen hat, und zwar die aus allen Schichten der Gesellschaft.

Unsere Kinder sind selbstverantwortlich von Anfang an, werden so von uns gesehen und hierin nicht gestört. Die Entscheidungen, die sie treffen, bringen sie nicht in Gefahr, und Unfälle sind selten. Sie sind nicht in Versuchung, ihre Fähigkeiten zu überschätzen. Wenn sie sich für eine Beurteilung überfordert fühlen, delegieren sie an uns die Befugnis, für sie zu entscheiden. Sie schätzen unsere Erfahrung, Kompetenz und Körperkraft und machen ungezwungen davon Gebrauch.

Unsere Kinder schlagen nicht über die Stränge. Sie sind nicht ungezogen, sondern sie wachsen erziehungsfrei auf. Das heißt, sie sind nicht in Abwehrhaltung gegen pädagogische Überfälle »trotzig« und »unartig«, sondern frei von solchen Überfällen in ungehindertem Kontakt zu ihrer Sozialität. Es kommt einfach nicht vor, daß sie sich mit Messer, Gabel, Schere, Licht verletzen, Wasser durch die Wohnung schütten, Lebensmittel für Spiele mißbrauchen, Blumen abreißen, Tiere quälen, Wände beschmieren, Spielzeug zerstören. Sie sind in beiläufiger Selbstverständlichkeit achtsam.

Unsere Kinder haben wie andere Kinder auch immer wieder miteinander Konflikte, aber dies gerät ihnen nicht zu häßlichem Zank. Ihre Konflikte explodieren nicht in wilden Körperattacken, Haß, Häme, Schuldzuweisungen und Ohnmachtsgefühlen. Die Geschwister achten sich, der Ton ihrer Beziehungen ist auch im Konflikt einfach überwältigend.

Unsere Kinder kennen nicht Rücksichtnahme im Sinne einer Pflicht, um deren Erfüllung man sich immer wieder bemühen sollte. Sie sind im Austausch mit den Wünschen und Gefühlen der anderen, und es liegt ihnen daran, daß diese auch zufrieden sind. Ihre soziale Weisheit ist faszinierend und jenseits jeglicher Pflicht hierzu.

Unsere Kinder sind klar in ihrem Nein. Ihr Nein ist nie gegen andere gerichtet, sondern Ausdruck dafür, daß sie einen anderen Weg gehen wollen. Ihr Nein ist deswegen leicht zu respektieren, die gesamte Problematik »Aufsässigkeit und Uneinsichtigkeit« taucht überhaupt nicht auf. Wenn wir ihr Nein nicht gelten lassen können (aus unseren subjektiven Gründen heraus) und uns darüber hinwegsetzen, beschwört das keine Katastrophe herauf, und dies gilt auch umgekehrt. Sie reagieren – vielleicht nach einem Versuch, doch noch zum Zuge zu kommen –, schlicht mit Akzeptanz, und manchmal sind sie darüber auch betrübt, selten verärgert. Ein Nein in unseren Beziehungen ist wie ein Baum, der über den Weg fällt und zum Anhalten und Suchen nach einem neuen Weg veranlaßt.

Unsere Kinder sind Realisten. Aber Realisten, die auch Ausschau danach halten, wie sich ihre Wünsche verwirklichen lassen. Sie sind nicht demoralisiert angepaßt, sondern ihre Anpassung ist konstruktiv und kommt aus dem Gespür für die Grenzen um sie herum. Diese Grenzen sind flexibel, und was jetzt nicht geht, ist vielleicht später doch möglich. Sie sind offen für die Chancen, Grenzen, die ja von Menschen gezogen werden, zu verändern. Aber wenn etwas jetzt nicht geht, dann geht es eben jetzt nicht, und darauf stellen sich die Kinder ein. Wenn sie an einer Grenze angekommen sind, leben sie mit dieser Grenze und verlieren sich nicht in endlosem Lamentieren, gemischt mit Selbstmitleid, Schuld- und Ohnmachtsgefühlen. Sie geraten durch ein Nein nicht aus dem Gleichgewicht. Ihre innere Harmonie wird nicht gestört, wenn sie nicht tun können, was sie wollen.

Unsere Kinder essen so viel, wie ihnen gut tut, und sie essen das, was ihnen schmeckt. Sie essen Vollkornbrot oder Weißbrot, Salat oder Pudding, Nudeln mit Ketchup oder ohne. Sie nehmen bittere Medizin und naschen süße Gummibärchen. Wir sind in dieser Frage sehr entspannt miteinander.

Unsere Kinder werden weder zur Reinlichkeit gedrängt noch dürfen sie die Wohnung beschmutzen. Es gibt Windeln zum

Waschen oder zum Wegwerfen. Und wenn die Kinder das wollen, den Topf, später den Aufsatz auf der Toilette. Eines Tages ist es dann von allein soweit, daß sie ohne unsere Hilfe zurechtkommen.

Unsere Kinder bekommen genug Schlaf, wann immer sie ins Bett gehen. Wenn wir sagen, es sei Zeit, ins Bett zu gehen, dann gehen sie. Allerdings stören wir sie damit nicht zur Unzeit. Wir begleiten unsere Kinder in den Schlaf, so wie sie es gern haben. Unsere Kinder bleiben nicht bis Mitternacht auf, sondern sie haben ganz normale Schlafenszeiten wie andere Kinder auch. Der Unterschied liegt darin, daß es deswegen kein Theater gibt.

Unsere Kinder sind beliebte Spielkameraden. Sie sind am »Unsinn« anderer Kinder nicht uninteressiert, aber sie treiben solche Dinge nicht voran, und sie weigern sich, offensichtlich gefährliche und andere schädigende Aktionen mitzumachen. Sie petzen nicht, aber wenn sie wirklich schwere Bedenken haben, vertrauen sie sich uns an. Sie halten sich von aggressiven Kindern fern und setzen sich energisch zur Wehr, wenn sie von ihnen belästigt werden.

Unsere Kinder sind gern gesehene Gäste in anderen Familien, und in der Schule werden sie als wertvolle Stützen der Klassengemeinschaft geschätzt. Sie erhalten im Hinblick auf ihr Sozialverhalten auffallend positive Beurteilungen, und ihre schulischen Leistungen sind wie bei anderen Kindern mal besser und mal schlechter.

Unsere Kinder reiten, fahren Schlittschuh, hören Discomusik, essen Pommes und Schokolade und Biokost, lesen Comics und »5 Freunde«, hören Kassetten und sehen »Das Dschungelbuch«, sie malen, basteln, backen – sie leben ein ganz normales Kinderleben, nur eben von einer Qualität, die wirklich beglückend ist.

Wie kommen die erziehungsfrei aufwachsenden Kinder mit pädagogischen Erwachsenen zurecht? Sind sie ihnen und ihrem »Sieh das ein« und »Ich habe recht« nicht schutzlos ausgeliefert?

Unsere Kinder kennen pädagogische Erwachsene aus dem Bekannten- und Verwandtenkreis, aus den Kontakten zur Nachbarschaft, als Eltern ihrer Freunde, aus dem Kindergarten und der Schule, vom Einkaufen und vom Arztbesuch. Wir leben nicht isoliert, sondern wie alle Familien mitten in dieser – pädagogischen – Gesellschaft.

Unsere Kinder erfahren jedoch im Unterschied zu pädagogisch großwerdenden Kindern in ihrem Zuhause Beziehungen, die frei sind von der pädagogischen Einstellung und allen ihren destruktiven Konsequenzen. Unsere Kinder werden in ihrer Selbstverantwortung, ihrem Selbstvertrauen, ihrer Selbstliebe und ihrer Sozialität nicht gestört. Mit der ursprünglichen Ich-Kraft treffen sie auf pädagogische Haltungen und sind für diese Zusammenstöße bestens gerüstet.

Unsere Kinder merken, daß weder gutgemeinte Erziehungsbemühungen noch Herabsetzungen in Wirklichkeit etwas mit ihnen zu tun haben. Sie spüren, daß ein »netter« Erwachsener, der sie erziehen will, bei aller Freundlichkeit im Grunde etwas Inakzeptables, ja Ungehöriges von ihnen will. Sie merken, daß ein unfreundlicher und schimpfender Erwachsene in Not ist und *seine* Geschichte herausschreit, daß sein »Wie kannst Du nur!« und sein »Sieh das ein!« trotz seines Anspruchs, recht zu haben, nur *seine* Sicht der Dinge ist. Andere Kinder hingegen fühlen sich von solchen »Freundlichkeiten« bedrängt und von Herabsetzungen bedroht, und eine aktuelle Schuldzuweisung ist nur ein weiterer Stein, der auf ihnen lastet.

Es gibt in der Welt der Dinge viele Gefahren, und die Kraft, mit ihnen erfolgreich umzugehen, kommt von innen. Das ist mit den inneren Gefahren – den »freundlichen« und unfreundlichen Angriffen auf das Selbst – nicht anders. Die erziehungsfrei großwerdenden Kinder stützen sich auf ihr Selbstvertrauen und kommen mit der pädagogischen Welt um sie herum gut zurecht. Sie sind bei pädagogischen Anfällen gelassen und nachsichtig. Sie lieben doch ihre Tante, sie können doch den Vater ihres Freundes eigentlich gut leiden – warum sollen sie ihnen dann nicht ihre Belehrungen und ihr Gemecker nachsehen und sich die Hände waschen und die Tür zumachen? Der Lehrer, der wegen der unerledigten Hausaufgaben eine Standpauke hält, ruft bei ihnen kein Schuldgefühl hervor sondern Anteilnahme: »Was hat er denn nur? Schlecht geschlafen? Krach zu Hause?«

Die pädagogische Haltung zeigt sich jedoch nicht nur in sichtbaren Erziehungsbemühungen oder Schimpfkanonaden. Sie lebt *in* den pädagogischen Erwachsenen und wirkt subtil durch ihren missionarischen Anspruch. Die pädagogische Haltung enthält eine gefährliche Dynamik, die auf die schleichende Zersetzung der Identität und des Selbstwertgefühls des Kindes hinausläuft. Aber auch dies prallt an den erziehungsfrei großwerdenden Kindern ab. Denn die Welt, die sie in ihrem Glauben an sich selbst stützt, erfahren sie ja zu Hause, Tag für Tag, rund um die Uhr, in verläßlicher Sicherheit. *Die Kontinuität ihres Gefühls, voll- und gleichwertig zu sein,* geht durch die Erlebnisse mit pädagogischen Menschen nicht verloren.

Die pädagogischen Erwachsenen ihrerseits mögen die erziehungsfrei aufwachsenden Kinder. Unsere Kinder beeindrucken sie, weil sie ich-stark, aber nicht egoistisch, ruhig und ausgeglichen, aber nicht apathisch, weil sie einfach angenehm und freundlich, aber nicht anpaßlerisch und leisetreterisch sind. Sie sind offen für die Gefühle anderer Menschen, und das tut auch den Eltern ihrer Freunde und der Lehrerin gut.

4. Konflikte lösen sich auf

In Gesprächen über die erziehungsfreie Praxis werde ich immer wieder gefragt, wie ich mit Konflikten umgehe. Es ist, als ob das gesamte erziehungsfreie Konzept hier, in der Konfliktthematik, auf dem Prüfstand steht.

Konflikte kommen im Alltag oft vor. Selbst wenn man sich in Konflikten mit Kindern nur zehnmal am Tag durchsetzt, dann sind das 3650 Steine, die im Lauf eines Jahres in den Weg eines Kindes gerollt werden. Bei 18 Kinderjahren sind das 65 700 Steine, bei beiden Eltern 131 400, hinzu kommen Verwandte, Bekannte, Erzieher, Lehrer: rund 200 000, vielleicht sogar eine viertel Million Steine warten auf jedes Kind, Behinderungen, Niederlagen. Es gibt kein Patentrezept, wie sich dieser riesengroße Steinhaufen verringern läßt. Unzählige Steine sind die Realität jedes Kindes. Sie sind mal kleiner, mal größer, in jungen Jahren mehr, später weniger – aber sie sind da.

Es wird oft erwartet, daß ich die Kinder *tun* lasse, was diese selbst verantworten und entscheiden. Das sei doch die Quintessenz aller erziehungsfreien Theorie! Sicher, es ist schön, wenn ich den Steinhaufen meines Kindes verringern kann, aber es geht in der erziehungsfreien Praxis vordringlich nicht um die Äußere Welt, den Abbau von Behinderungen auf der Handlungsebene, sondern um die psychische Ebene:

Muß ein Stein, müssen alle diese vielen Steine nicht nur behindernd, sondern auch noch giftig sein? Behaftet mit dem seelischen Gift »Sieh das ein! Das kannst Du nicht richtig beurteilen! Ich bin für Dich verantwortlich! Ich weiß es besser als Du!« Dieses Gift gibt es in der erziehungsfreien Beziehung nicht, auch nicht im Konfliktfall.

»Setz die Mütze auf!« – »Ich will nicht!« Eine Mutter ist im Konflikt mit ihrer dreijährigen Tochter. Sekundenschnell wird die Welt der Dinge interpretiert: Körpertemperatur, Wohnungstemperatur, Außentemperatur, Wind, Regen, Erkältungsanfälligkeit, Anorak, Schal, Handschuhe, Mütze und vieles mehr. Wer interpretiert richtig? Die erziehungsfreie Antwort ist unmißverständlich: Jeder interpretiert auf seine Weise, der eine hat soviel recht wie der andere. Niemals steht im Interpretieren und Bewerten der eine über dem anderen. Die Mutter sagt der Tochter ihre Sicht der Dinge, die Tochter sagt der Mutter ihre Sicht der Dinge. Die Mutter sagt sie vielleicht mehrmals, das Kind antwortet mehrmals. Dann kann es sein, daß sie übereinstimmen: »Ich setz die Mütze auf« oder »Na gut, dann geh ohne«.

Oder sie bleiben bei ihren entgegengesetzten Beurteilungen. In diesem Fall *läßt die Mutter dem Kind seine eigene Sichtweise*, sie überschreitet *nicht* die Grenze zu seiner Inneren Welt. Sie pflanzt *nicht* in die Seele des Kindes ihre eigene Erkenntnis – genau das aber ist Aufgabe und Verpflichtung für jeden pädagogischen Menschen. Denn er trägt für Kinder und für ihre »richtige« innere Entwicklung, die »richtigen« Beurteilungen und Erkenntnisse die Verantwortung. Erziehungsfreie Menschen hingegen respektieren, daß die Kinder in der Erkenntnis- und Beurteilungsfrage sich selbst gehören, und zwar von Geburt an. Das schließt Erklärungen und Angebote nicht aus – aber die Kinder entscheiden selbst, was sie davon übernehmen wollen, welche Erkenntnisse und Bewertungen zu ihnen gehören und welche nicht. Ein erziehungsfrei aufwachsendes Kind ist kein Gefangener in eigenen Land, sondern der ursprüngliche und uneingeschränkte Souverän seiner Inneren Welt.

In der psychischen Dimension liegt der Unterschied der Systeme. Hier die Anerkennung der souveränen Inneren Welt des Kindes, Beziehung und Austausch mit einem vollwertigen Menschen – dort das Feststellen des Nichtvorhandenseins einer souveränen Inneren Welt beim Kind, Erziehung und Unterweisung eines zur Vollwertigkeit reifenden Menschen. Erziehungsfreie Menschen werden durch die Anerkennung der inneren Souveränität des Kindes nicht handlungsunfähig – ihre Handlungen sind jedoch von anderer psychischer Qualität.

Wie kommen erziehungsfreie Menschen nun zum Tun? Verantwortlich in meinem Leben bin ich für mich selbst. Was will ich, was will ich wirklich? All meine Befindlichkeiten – meine Gefühle, mein Wissen, meine Erfahrungen, Ziele, Ängste, Grenzen und vieles mehr bilden das Insgesamt, aus dem heraus ich handle, vor Ort, jetzt: »Dann bleibst Du drin« oder »Dann geh ohne Mütze«.

Ich *muß* mich nicht durchsetzen, aber oft ist es mir unverzichtbar. Als Erwachsener gelingt mir das in den Konfliktbereichen, wo ich die besseren Machtmittel habe: zum Beispiel bei Argumentations-Konflikten, Finanz-Konflikten, Muskelkraft-Konflikten. Die Kinder hingegen können vor allem die Konflikte zu ihren Gunsten zu entscheiden, bei denen sie den Erwachsenen psychosomatisch und emotional überlegen sind.

Dies betrifft rein körperliche Größen wie das biologisch wirksame Kindchenschema, das jeden Erwachsenen zum Nachgeben drängt, oder die kindliche Stimme, Körperhaltung, Gestik und Mimik. Vor allem aber haben Kinder emotionale Machtmittel, fein abgestimmte Töne für die jeweiligen Empfindlichkeiten ihrer Erwachsenen. Sie beherrschen genau die Stimmlage, die bei diesem Erwachsenen so, beim anderen anders zum Erfolg führt. Man kann dieses Verhalten als »Jammern« und »Nörgeln« diskriminieren, doch tun die Kinder nichts anderes als die Erwachsenen: Sie setzen ihre vorhandenen Machtmittel für das Kind ein, das ihnen anvertraut ist – für sich selbst.

In einer erziehungsfreien Beziehung geht es jedoch nur selten um das Sich-Durchsetzen. Wiewohl Machtmittel da sind und sowohl Erwachsene als auch Kinder sich durchsetzen könnten, kommen Machteinsatz und Durchsetzen wirklich selten vor. Das klingt paradox.

Doch: Bei aller Gegensätzlichkeit im Handlungsbereich – auf der psychischen Ebene findet kein Angriff gegen die Innere Welt des Kindes statt. Das Nein des Kindes wird als Ausdruck eines Menschen mit innerer Souveränität verstanden, der einen anderen Weg gehen will – den der Erwachsene aus seinen Gründen heraus aber nicht zulassen kann. Für den Erwachsenen geht es dabei nur um das handlungsmäßige »Tu es« oder »Laß es«. Es geht nicht um das »Sieh das ein«, nicht um Trotz, den es zu brechen gilt, nicht um das Teufelchen, das man zum Besten des Kindes austreiben muß, nicht um das Abendland, das in der Seele des Kindes gerettet sein will. In den erziehungsfreien Konflikten gibt es keinen Angriff auf die Seele des Kindes und deswegen auch nicht eine entsprechend vehemente Verteidigung dagegen. Erziehungsfreie Konflikte verlaufen in anderen Bahnen, jenseits von missionarischem Eifer und innerer Not des Erwachsenen und jenseits von Wut, Haß und Verzweiflung des Kindes.

Frei von Trotzbrechen, Teufelaustreiben und Abendlandretten wird für den Erwachsenen anderes möglich: psychisches Hören – *Empathie*. In gleicher Weise kann das Kind den Erwachsenen wahrnehmen – da es nicht angegriffen wird und seine Kraft nicht in der Verteidigung gegen den Erwachsenen aufreiben muß. Beide können deswegen die jeweilige Dringlichkeit des anderen – ebenso wie die eigene – mitbekommen. Beide sind offen zu merken, wie wichtig für den anderen sein Interesse wirklich ist, auf der emotionalen und existentiellen Ebene. Wir nehmen einander auch im Konflikt wahr, wir erfahren auch im Konflikt, wer der andere nach seinem Selbstverständnis ist. Solch grundlegende Empathie gehört zum erziehungsfreien Alltag.

Wir informieren uns also auf der äußeren Ebene über unsere Interessen und zugleich auf der emotionalen Ebene über unsere Dringlichkeiten. Dies geht ein paarmal hin und her, mal mit Worten, mal mit Erklärungen, mal ohne. Dann kann es zwar vorkommen, daß sich einer durchsetzt, *aber die Regel ist, daß der eine den anderen machen läßt*. Denn die Dringlichkeiten zweier Menschen sind selten genau gleich groß. »Dann mach Du« – dies liegt näher. Das geht aber nur, wenn nicht existentielle Wichtigkeiten im Zentrum des Konflikts stehen: Gehorsam und Einsicht, die der Erwachsene vom Kind einfordert, Würde und Selbstachtung, die das Kind vom Erwachsenen respektiert wissen will. Und wenn in der gesamten Beziehung grundlegende Achtung und ungebrochene Wertschätzung – auch im Konfliktfall – leben.

Die erziehungsfreie Praxis funktioniert tatsächlich genau so. Unsere Konflikte werden nicht mit aufreibendem Einsatz und viel Mühe gelöst, sondern sie lösen sich meistens von selbst auf! Das wird nicht irgendwie gemacht, vorbereitet, erarbeitet oder ähnlich angestrebt. Der erziehungsfreie Alltag mit Kindern läßt sich nicht inszenieren. Es ist ein authentisches Geben und Nehmen gleichwertiger Partner.

Daß Konflikte sich wie von selbst auflösen können, kennt jeder aus der Erwachsenenwelt, wenn grundlegende Achtung und keinerlei Erziehung im Spiel sind. Wie zum Beispiel bei einer gut funktionierenden Partnerschaft. Wenn es Samstag nacht entweder ins Kino oder auf die Party gehen soll, und sie ins Kino, er aber auf die Party will. Wie geht so ein Konflikt aus?

Arbeiten die beiden am Konflikt? Das wäre viel zu hoch gegriffen. Sie sagen sich zwei- oder dreimal ihren Wunsch, dann ist der Konflikt auch schon vorbei, und sie gehen zusammen ins Kino oder auf die Party. Sie spüren beide ohne Mogeln und mit reinem Herzen, wessen Wunsch wichtiger ist. Ihr Gefühl füreinander läßt sie diese einfache Lösung finden: »Wenn es Dir wichtiger ist als mir, dann gehe ich mit Dir Deinen Weg.« So kompliziert wird nicht geredet, es heißt nur: »O.k., ich komm mit ins Kino« oder »O.k., ich komm mit zur Party«. Genau diese empathische Konfliktlösung erleben erziehungsfreie Eltern und ihre Kinder. Und ohne Groll, sondern mit dem Gefühl, dem anderen eine Freude zu machen, gehen sie weiter zusammen durchs Leben.

Diese Harmonie ist dabei nicht zu verwechseln mit dem Unterordnen und dem Verzicht auf Wünsche. *Wenn* die Interessen mit ihren emotionalen und existentiellen Dringlichkeiten hundert Prozent gegen hundert Prozent stehen, dann setzt sich jeder mit Nachdruck für sich ein. Bei aller gegenseitigen Achtung – niemand wird psychisch angegriffen, niemand muß sich in Abwehr aufreiben –, mit vollem Einsatz kämpft jeder um den Sieg. Dieses Ringen geht sekundenschnell, durch Blicke, Körpersprache, Töne, Worte, körperliche Auseinandersetzung. Es ist rasch vorbei, entschieden, je nach Machtmitteln und realistischer Einschätzung der Situation und der eigenen Möglichkeiten. Die Konfliktpartner kennen sich – sie leben ja nicht den ersten Tag zusammen –, und wenn ein Einsatz nicht Erfolg verspricht, wird die Niederlage als Realität akzeptiert. *Wenn* er nicht Erfolg verspricht: Sonst geht es zur Sache, die so oder so ausgeht.

Für den, der sich in einem dieser seltenen Hundert-Prozent-Konflikte nicht durchsetzen kann, bleibt kein Stachel des Erniedrigtseins, keine Demütigung zurück. Denn bei allem verstellten Weg: Die Würde blieb unangetastet, es erfolgte kein Angriff gegen das Selbst, die gegenseitige Wertschätzung wurde nicht vermindert.

Jedem sind solche von Herabsetzung und Demütigung freie Niederlagen bekannt – aus Situationen, in denen ganz unzweifelhaft keinerlei pädagogische Mission im Spiel ist: wenn Dinge oder die Natur sich in den Weg stellen und uns einschränken. Niemand fühlt sich von einem nicht startenden Auto herabgesetzt, von einem abgestürzten Computer gedemütigt, von einem Regenschauer zurechtgewiesen. Diese Mißgeschicke können zwar sehr wütend machen, aber sie werden ohne wirkliche innere Niederlage erlebt. Und genauso ist es bei den Konflikten, die erziehungsfreie Menschen miteinander austragen.

In der modernen Pädagogik wird auf »sanfte« Durchsetzungstechniken Wert gelegt, um dem Kind die »Einsicht« in die »Notwendigkeiten« – das heißt allemal Erwachsenenvorstellungen – zu »erleichtern«. Wie »freundlich«, »demokratisch«, »partnerschaftlich« es dann »in Augenhöhe« mit »Ich-Botschaften« in »Kreisgespräch« und »Rollenspiel« und in der »Familienkonferenz« und der »Lehrer-Schüler-Konferenz« »menschenkundlich« und in »vorbereiteter Umgebung« auch zugehen mag: Die verheerende psychische Herabsetzung des Kindes bleibt, da der pädagogische Erwachsene nach wie vor – aus seinem Selbstverständnis heraus – die innere Führung beansprucht und dem Kind die Fähigkeit, das eigene Beste selbst wahrzunehmen, abspricht. Die heutigen »Freundlichkeiten« kaschieren lediglich die bestehende grundlegende Oben-Unten-Struktur, die Angriffe auf das Selbst des Kindes und die psychische Missions-Aggression des Erwachsenen und entziehen sie effektvoll der Thematisierung und Diskussion.

Diese »sanfte« Pädagogik hat eine lange Tradition. Schon der französische Philosoph und Pädagoge Jean-Jacques Rousseau forderte 1760 in seinem Buch »Emile oder Über die Erziehung«: »Laßt ihn (den Zögling, H.v.S.)

immer im Glauben, er sei der Meister, seid es in Wirklichkeit aber selbst. Es gibt keine vollkommenere Unterwerfung als die, der man den Schein der Freiheit zugesteht. So bezwingt man sogar seinen Willen ... Zweifellos darf es (das Kind, H.v.S.) tun, was es will, aber es darf nur das wollen, von dem ihr wünscht, daß es es tut.« (J.-J. Rousseau, Emile oder Über die Erziehung, Reclam UB 901, 1963/2001, S. 265f.)

In der erziehungsfreien Beziehung fühlen sich die Kinder nicht angegriffen – da sie nicht angegriffen werden. Sie können die vom Erwachsenen kommenden Informationen sachlicher und emotionaler Art auf ihren Gewinn für sich überprüfen. Die meisten Informationen, die Eltern ihren Kindern mitteilen, sind wertvoll und interessant, wie stets, wenn Menschen in Kontakt und Austausch sind, wenn sie sich nahestehen und miteinander vertraut sind. Das ist banal und gilt sowohl für erziehungsfreie wie auch für pädagogische Eltern. Doch während die pädagogischen Eltern ihren Kindern den Zugang zu ihren Mitteilungen durch die gleichzeitige psychische Aggression (»Sieh das ein; ich weiß es besser als Du; ich bin für Dich verantwortlich; ich habe recht«) verstellen, können unsere Kinder ungeschmälert von dem profitieren, was wir ihnen an Erfahrungen, Erkenntnissen, Werten, Beurteilungen, Gefühlen als unsere subjektive Wirklichkeit berichten.

Erziehungsfrei aufwachsende Kinder können also leicht tun, was man ihnen sagt – und ebenso leicht können Erwachsene den Wünschen der Kinder den Vortritt lassen. Die Kinder handeln dabei stets aus sich heraus und nicht deswegen, weil sie zur »Folgsamkeit« »begleitet« und »geführt« oder sonstwie zur »Selbsteinsicht« manipuliert werden. Beide handeln, weil *sie* die Mitteilungen des anderen überzeugend finden, weil sie *selbst* dahinterstehen. Das ist unendlich befreiend und entlastend.

5. Authentisch und sozial

Alle erziehungsfreien Überlegungen gelten auch für Erwachsene, die großgewordenen Kinder. Auch sie mußten nicht erzogen werden. Auch sie mußten nicht erst richtige Menschen werden, sondern sind dies von Anfang an gewesen. Wenn Erwachsene Zugang zum Sinn erziehungsfreier Überlegungen finden, dann setzen sie den erziehungsfreien Impuls auch für das Kind um, das ihnen zunächst anvertraut ist: für sich selbst. Und sie schauen mit anderen Augen auf ihre Kindheit.

Es ist, als ob ein junger Mensch zu den heutigen Erwachsenen kommt und ihnen etwas von ihrem verschütteten Wissen mitteilt. Dieses Kind erinnert die großgewordenen Kinder an die Wahrheiten ihrer eigenen Kindheit – Wahrheiten, die durch Erziehung und pädagogische Tradition verlorengingen: »Du kannst Dich lieben, wie immer Du bist. Du bist ein selbstverantwortliches Wesen. Du bist ein zu hundert Prozent vollwertiger Mensch. Was das erziehungsfreie Denken von uns Kindern in die Welt trägt, gilt ebenso für Dich, großgewordenes Kind.«

Die Erwachsenen selbst sind die Kinder, um die es in ihrem Leben zuallererst geht. Wir sind selbstverantwortlich von Anfang an, ein Leben lang, jederzeit: Wie soll mein Leben weitergehen? In den nächsten drei Minuten, drei Stunden, drei Tagen? Was will *ich?* Was will ich *wirklich?*

»Was will ich wirklich?« begleitet jemanden, der sich selbstverantwortlich fühlt. So zu denken bedeutet keine lange innere Diskussion, sondern ist ein selbstverständlicher Reflex, gelegentlich ein kürzeres Innehalten, wenn etwas unklar ist. Die jeweilige Entscheidung orientiert sich am Insgesamt aller Faktoren: Erfahrung, Wissen, Emotionalität (Angst, Mut, Zögerlichkeit, Hoffnung, Ärger, Freude usw.), Situation, körperliche Verfassung, Alter, Wetter, Finanzen, Perspektiven, Zeit, Risiken, Gewinn ... was immer eine Rolle spielen mag.

»Was will ich wirklich?« ist nicht die Frage nach den Phantasien und Träumen (zu ihnen führen andere Fragen), sondern nach der Wirklichkeit, in der ich lebe. In Abwägung meiner Vorstellungen und Wünsche mit den vorhandenen Möglichkeiten hier und heute. Es entsteht ein konstruktiver Umgang mit den Realitäten, so daß man mit sich und der Welt in Übereinstimmung leben kann. Es geht nicht um die vordergründig angenehmste Lösung, sondern um das, was mein Insgesamt mir nahelegt. Den Arbeitsplatz verlieren, weil das schöne Wetter zu ungenehmigtem Urlaub lockt: Ist das wirklich mein Vorteil? Wohl kaum. Aber wenn es tatsächlich so wichtig ist, genau dies zu tun, dann tue ich es.

Korrekturen der Gesamteinschätzung sind jederzeit möglich. Dann will ich etwas anderes als gerade noch. Eben war die Einschätzung so, jetzt ist sie anders. Die Vergangenheit wird dabei nicht herabgesetzt, das Vergangene nicht am Jetzt gemessen und als falsch eingestuft. Ich hatte ja so entschieden, wie es meiner Sicht der Dinge entsprach. Und die damalige Erkenntnis steht gleichrangig neben der neuen Erkenntnis, bei allem Unterschied.

Was ich tue, ist vor mir verantwortet, eben wie jetzt, es entspricht meiner Einschätzung, meiner Ethik und Moral. Es ist eine subjektive Entscheidung, die sich nicht zu Recht von außen messen läßt. Niemand macht einen »wirklichen« Fehler – weil der Gedanke, etwas könne objektiv falsch sein, den, der aber so entscheidet, »objektiven« Erkenntnissen unterordnet und diskriminiert. Der Sicht jedes einzelnen gebührt Achtung, denn sie ist ein Teil von ihm. Auch wenn er sie gleich ändern sollte.

Die Welt einzuteilen in Oben und Unten, Richtig und Falsch, Gut und Böse als objektive Kategorien – an denen die Menschen dann gemessen werden –, ist das Herzstück des alten patriarchalischen Denkens und für erziehungsfreie Menschen aus und vorbei. Es gilt das Paradigma der Postmoderne – die Gleichwertigkeit aller Phänomene – und somit die Subjektivität jeder Erkenntnis und Bewertung, Moral und Ethik. Das macht nicht überheblich, sondern schärft ganz im Gegenteil den Blick für die Motive und Interpretationen des anderen und seine oft so fremden und unverständlichen Entscheidungen. Die Achtung vor der Inneren Welt des anderen schließt jede Objektivität aus und öffnet der Demut die Tür.

Die pädagogische Tradition lehrt, daß in der Wiege ein kleiner Wolf liegt: »Paß auf, daß aus ihm nicht ein großer böser Wolf wird! Menschen sind gefährlich, das Böse ist in ihnen, sie müssen durch Erziehung zu sozialen Wesen gemacht werden!« Hinter dieser Sicht steht eben die überkommene patriarchalische Auffassung, daß die Welt nicht als Einheit existiert, sondern in vielfältige Gegensätze aufgeteilt ist, so auch in das Gute auf der einen und das Böse auf der anderen Seite. Und die erzieherische Grundposition ist dabei auf das Böse – im Menschen – fixiert, das es – durch Erziehung – niederzuringen gilt.

Doch man kann das auch gänzlich anders sehen, von der postmodernen Gleichwertigkeit aus, jenseits eines Gegensatzes von Gut und Böse: Menschen sind konstruktiv von Geburt an, Ebenbilder Gottes. Beauftragt, sich um das Kind zu kümmern, das ein jeder selbst ist – als Teil des Ganzen, auch als Teil des sozialen Ganzen. Und wer sich um sich selbst kümmert, kümmert sich auch um den anderen, denn er ist ein Teil von ihm.

Ich bin davon überzeugt, daß Menschen *konstruktive soziale Wesen von Anfang an* sind. Denn der Mensch will vom anderen

– dessen Lächeln. Die Gewogenheit der Gemeinschaft, in der wir konkret leben (Eltern, Partner, Freunde), das Angenommensein durch andere liegt uns am Herzen und tut uns gut. Wir sorgen für die Zufriedenheit eines anderen Menschen, weil uns seine Zufriedenheit gut tut. Wir sind konstruktive soziale Wesen *um unseres eigenen Vorteils willen.* Sozialität muß niemandem erst beigebracht werden, sondern sie ist ein konstitutiver Teil des Menschen. Wir sind sozial (fürsorgend, freundlich, hilfsbereit, solidarisch, aufopfernd), weil wir uns selbst lieben und uns in unserer Selbstliebe um unseren Vorteil kümmern – und weil dieser Vorteil in den sozialen Angelegenheiten das Lächeln des anderen ist, das uns gut tut.

Wenn Menschen aber in ihrer Selbstliebe gestört werden – so wie es ist, wenn sie durch Erziehung erst noch richtige Menschen werden müssen –, fehlt ihnen die Selbstverständlichkeit, mit allen Umständen zum eigenen Vorteil umgehen zu können, auch mit den »Umständen«, welche die anderen sind. Wer sich selbst nicht mehr richtig lieben kann, kann auch nicht mehr richtig für das Lächeln des anderen sorgen, das einem selbst gut tut. Seine soziale Dimension verkümmert, er verfehlt den anderen immer wieder, Egoismus ist die Folge. Selbstliebe jedoch ist dem Egoismus entgegengesetzt: Sie ist der Schlüssel zur Sozialität des Menschen.

III Mit Kindern leben

Mit Kindern leben – dies ist ein wirklich weites Feld! Ich beschränke mich auf fünf Aspekte des gemeinsamen Weges mit Kindern, stellvertretend für unzählige. Mein Nachdenken über unsere verschiedenen Welten, die Gedankenfreiheit, Streiten und Schlichten, die Rote Karte und über die Frage »Wer bist du eigentlich?« soll deutlich machen, wie die erziehungsfreie Perspektive wirkt und welche Türen sie öffnet.

1. Verschiedene Welten

Ich habe einmal den Unterschied der Lebenswelten von Erwachsenen und Kindern sehr deutlich erlebt, als ich mit vier Kindern zwischen 11 und 13 Jahren einige Tage in meinem Ferienhaus war. Kinder haben ihre eigenen Auffassungen vom Leben und vom Umgang mit den Dingen, und sie richten es sich so ein, wie sie es brauchen. Dazu gehört auch, daß sie eine ganz bestimmte Art haben, mit der Ordnungsfrage umzugehen. Darauf war ich neugierig. Ich wollte wissen, wie sie das mit der Ordnung hinbekommen würden – wie *ihre* Ordnung aussah. Ich ließ sie machen – und nach zwei Tagen sah es wüst aus!

Ich habe damals viel beobachtet, und ich wollte auch viel mitbekommen. Wenn Silvia den Kamm, den sie gerade benutzt hatte, einfach »aus der Hand legte« – dann tat sie das wirklich: Sie machte ihre Hand auf und der Kamm fiel zu Boden. Sie war auf einmal mit einer neuen und wichtigeren Sache als Haarekämmen beschäftigt. »Wie will sie denn nachher wissen, wo der Kamm ist, wenn sie ihn wieder benutzen will?« *Ich* habe das gedacht. Für die Kinder war das kein Problem.

Als später der Kamm gebraucht wurde, und auch ich nicht mehr wußte, wo er lag, da wurde von uns allen kurz gesucht – ohne Ärger. Ich sah den Unterschied zu meiner Lebensart: Wenn etwas nicht an seinem Platz liegt und das dann Zeit kostet, ist das ärgerlich. Das ist bei den Kindern anders gewesen. Sie suchten alle gemeinsam, kurz, solange sie Lust zum Suchen hatten. »Hilfst Du mir, den Kamm zu suchen?« – »Ja.« Das war alles. Und als er sich nicht finden ließ, gab es keine Vorwürfe.

Ich habe in diesen Tagen viel von der Souveränität der Kinder erfahren. Es gibt wichtigere Dinge als Ordnung herzustellen. Das tun, was gerade dran ist. Das Herstellen von Ordnung, merkte ich, schiebt sich ja wie eine Wand zwischen das Jetzt und das Gleich. Kinder sind da souverän. Was hinterher wichtig ist, das werden wir schon hinterher sehen. Sie sind nicht die Kümmerer, die wir Erwachsenen sind. Dauernd sich kümmern um das, was nachher sein könnte. Nachher – das sehen wir nachher. Ich habe von den Kindern wieder gelernt, die Fähigkeit, an später denken und vorsorgen zu können, nicht zum Selbstzweck werden zu lassen, der einen versklavt. Sondern Chef im Ordnungs-Haus zu sein, selbst zu entscheiden, wann ich aufräume und vorsorge und wann nicht.

Die Kinder sind voll davon, Chef zu sein. Bei allem, was sie tun – auch in ihrer Ordnung. Sie finden sich in ihrem »Durcheinander« gut zurecht, auch wenn sie etwas nicht wiederfinden. Sie verlieren Gegenstände, aber nicht sich selbst. Es geht in der Ordnungsfrage ja auch gar nicht in erster Linie um Gegenstände, sondern um eine innere Größe: Das Sich-Zurechtfinden und das Sich-Wohlfühlen in bestimmten Strukturen. In diesem Punkt sind die Kinder sicher. Sie fühlen sich wohl und sie finden sich zurecht in der Ansammlung und Anhäufung von Gegenständen, die sie um sich herum verstreuen. Und es stört sie auch nicht sonderlich, wenn sie etwas nicht finden – das stört ihr Sich-Zurechtfinden und ihr Wohlfühlen nicht.

Ich Erwachsener brauche da so gewisse »ordentliche« Anordnungen. Und ich habe auch das Ferienhaus wieder aufgeräumt, als wir nach Hause fuhren – so, wie meine Ordnungskriterien das von mir wollten.

Was soll man machen, wenn die Kinder kein eigenes Zimmer haben? Wo sie – zumindest eine Zeitlang – die (Un)Ordnung machen können, die sie wollen? Wenn also zwei Lebensarten kollidieren? Wenn die Kinder sich in den Räumen der Erwachsenen aufhalten und wie einen Kometenschweif ihre »schreckliche Unordnung« hinter sich herziehen?

Wenn ich dann den Kindern sage, wie ich es in meinen Zimmern und schließlich auch in ihrem Zimmer gern hätte – na gut. Wenn es nur eine Information ist. Aber was soll's? Meine Vorstellungen von Ordnung – von *meiner* Ordnung – kennen die Kinder längst. Das noch einmal auszusprechen ist meist nur der Beginn, Druck auszuüben, damit die Kinder tun, was man will. Das ist natürlich immer berechtigt, wenn sich eine Grenzverletzung anbahnt: Die Kinder überschreiten die von mir gezogene (Un)Ordnungsgrenze, und ich sorge dafür, daß dies aufhört. Durch Bitten, Argumente, Mithilfe, Belohnung, Druck, Sanktionen, sonstwie. Aber es ist ja auch möglich, sich eben nicht mehr über die (Un)Ordnung der Kinder aufzuregen. Meine Lösung heißt dann: *Ich stelle selbst die Ordnung her, die mir wichtig ist.* Und ich sorge dafür, daß sie entweder nicht gestört wird, indem ich die Kinder an bestimmte Sachen nicht mehr heranlasse, oder ich lasse die Kinder machen und räume dann selbst in meinem Sinne auf.

Die (Un)Ordnung der Kinder provoziert mich nicht. Ich freue mich doch, daß die Kinder da sind und daß sie bei mir leben. Und klar – das hat auch Auswirkungen, eben Kometenschweife.

Einem Hund sehe ich nach, wenn er Dreck in die Wohnung bringt – aber die Kinder sollen »Ordnung halten«? Ich habe dadurch am Tag ein paar Minuten Mehrarbeit, das stimmt. Doch wieviel Kraft und Zeit würde ein Ordnungskrieg kosten? Ich finde mich zurecht in unseren verschiedenen Welten.

2. Von der Gedankenfreiheit

I

»Die Schule ist dafür da, daß Kinder etwas lernen. Die Schule soll das Wissen vermitteln, das Kinder brauchen, um sich in der Welt zurechtzufinden und um einen zufriedenstellenden Beruf ausüben zu können.«

Soweit unsere guten Vorsätze. Die Vorsätze von Erwachsenen, die für die Kinder die Schule eingerichtet haben. Und damit es auch so kommt, wie wir es uns ausgedacht haben, setzen wir den Kindern ein »Ihr müßt in die Schule« vor. Wir denken uns nichts dabei, wenn wir Kindern das »Ihr müßt« sagen. In die Schule muß jeder. Wir mußten auch in die Schule. Die Schule ist eine Errungenschaft der zivilisierten Welt. Ohne Schule gibt es Analphabetismus, Ausbeutung und Chaos. Schule ist die Voraussetzung für so gut wie alles.

Und dennoch haben die Erwachsenen einen großen Fehler gemacht mit der Einrichtung der Schule. Genauer gesagt, dieser Fehler wurde gemacht, als man erstmals unseren Ur-großeltern das »Ihr müßt in die Schule« vorsetzte. Der Fehler liegt darin, *daß die Kinder nicht gefragt werden,* ob sie überhaupt in eine Schule wollen, und – falls sie zustimmen sollten – was dort gemacht werden soll.

Wenn wir die Kinder nicht fragen, tun wir etwas sehr Unwürdiges: *Wir* legen fest, womit sich junge Menschen einen großen Teil ihres Lebens beschäftigen sollen – jeden Tag etliche Stunden, inzwischen 10 Jahre lang. Wir legen fest, was sie tun sollen – und, viel bedeutsamer noch, was sie denken sollen. An Schulvormittagen und nachmittags bei den Hausaufgaben werden sich die Gedanken unserer Kinder nicht in selbstbestimmten Bahnen bewegen, sondern auf den Pfaden, die die Erwachsenenwelt in einem fein ausgeklügelten System – den Lehrplänen – für sie erdacht haben.

»Die Gedanken sind frei.« Auch an Schulvormittagen? Auch bei den Hausaufgaben? Die Schulpflicht ist die wohlwollende Maske einer diktatorischen und chauvinistischen Grundeinstellung jungen Menschen gegenüber. Es *ist* das Grundrecht eines jeden Menschen, über seine Gedanken und sein Lernen selbst zu bestimmen. Doch in den Schulen weichen wir von dieser Selbstverständlichkeit ab. »Zum Besten der Kinder.«

Wir sind empfindlich, wenn wir von Umerziehungslagern hören. Daß unsere Schulen mit ihrer Pflicht zur Teilnahme am Unterricht und dem Ausgeliefertsein der Kinder an die Anweisungen der Lehrer (»Schlag Dein Buch auf« – »Hör auf zu reden« – »Geh an die Tafel« – »Beantworte meine Frage« – »Schreib ab« – »Lern auswendig« – »Wiederhole«) im Grunde, nämlich aus der Sicht der Betroffenen, nichts anderes sind, machen wir uns nicht klar. Es geschieht doch alles zum Besten der Kinder ...

In der Schule wird die Würde des Menschen, des jungen Menschen, mißachtet. Kein Kind kann selbst bestimmen, ob es überhaupt in einer staatlichen Lernanstalt (Schule genannt) etwas lernen will, wie lange am Tag und wie lange im Leben, von wem es dort etwas lernen will, wie schnell und mit welchen Pausen. Und, besonders wichtig: Kein Kind kann selbst bestimmen, *was* es dort lernen will, womit es sich beschäftigen will, in welche Bahnen es seine Gedanken, seine Emotionalität, seine Spiritualität und sein Handeln lenken möchte. Ich nenne dies *Lernzwang*. Und ich sage, daß der Lernzwang in unseren Schulen zum Abscheulichsten gehört, was wir unseren Kindern heute – in einer demokratischen Gesellschaft – Tag für Tag antun.

II

Lernen ist eine Grundeigenschaft des Menschen. Man kann nicht nicht lernen, man lernt sein Leben lang. Und das Lernen ist eine selbstbestimmte Eigenschaft: Wir nehmen an neuen Erfahrungen und neuem Wissen das in uns auf, was uns selbst wichtig ist.

Wenn wir zum Lernen gezwungen werden, dann lernen wir, daß man uns zwingt. »Wenn ich heute nachmittag diese Seite im Lesebuch nicht durchlese und lerne, was drin steht, schreibe ich morgen eine Fünf im Aufsatz. Ich lese es lieber. Ich lerne, um keine Fünf zu bekommen.« Und dieses Kind lernt erneut, wie der Mechanismus von Erpressen und Unterwerfen funktioniert.

Das wirkliche Lernen geschieht ohne Zwang. Dieselbe Lesebuchseite könnte *mich* interessieren. Mich persönlich. Das Kind als Person, nicht als Schüler. Und dann werde ich von dieser Seite all die Dinge, Anregungen, Assoziationen behalten, die *mich selbst* interessieren.

Eigentlich findet das tatsächliche Lernen nur statt, wenn wir es von der Schule losgelöst betrachten. Wenn Arwen nicht als Schülerin etwas lernt, sondern als Person. Dies findet nun auch noch oft genug in der Schule statt – aber ungefragt, inoffiziell, sozusagen unter der Bank. Es ist für die Schule schlicht nicht von Interesse, was Arwen als Person lernt. Die Schülerin Arwen muß diese und jene Leistung erbringen, dazu muß sie lernen. Wenn sie dann von den Dingen, die sie lernt, noch persönlich etwas hat, so ist dies ihr Privatvergnügen.

Wenn Arwen die Lesebuchseite liest und dann morgen eine Zwei im Aufsatz schreibt, ist die Schule zufrieden. Konkret: Der Deutschlehrer ist zufrieden, der die Schule repräsentiert. »Die Schülerin hat gut gelernt« heißt übersetzt: » Arwen ist mit Erfolg gezwungen worden, ihre Gedanken in vorgeschriebene Bahnen zu lenken. Mit gutem Erfolg.«

Wenn Arwen den Text liest und ihn persönlich interessant findet, wenn sie private Neuigkeiten entdeckt, die sie behalten wird, dann ist das für die Schule nicht wichtig. Es sei denn, daß dieses private Interesse das schulisch Erforderliche fördern könnte. Doch läßt die Schule die Kinder in Ruhe, wenn sie ihre privaten Neuigkeiten aus dem Erzwungenen herauslesen – glücklicherweise, doch dahinter steckt, daß Zwangswirtschaft immer versagt und heimlich oder tolerierend auf Privatinitiative zurückgegriffen werden muß. Wir kennen dieses Dulden des Privaten in diktatorischen Regimen sehr gut aus politischen Zusammenhängen. Es läßt sich durchaus sagen: Die Leistungen, die in der Schule überhaupt noch erbracht werden und die wahrlich gering genug sind, kommen daher, weil die Kinder bei allem Abwehrkampf gegen den Schulzwang, seine Demütigung und Mißachtung, Behinderung und Zerstörung noch neugierig und lernbegierig geblieben sind. Doch der Schaden ist immens.

III

Wie kann ich mein Kind in seinem Lernen unterstützen? Zunächst einmal mache ich mir unmißverständlich klar, daß ich als Mutter oder Vater die Schulpflicht für einen nicht gerechtfertigten Zwang halte und daß mir nicht wirklich wichtig ist, welche Bewertungen die Schule dem erzwungenen Lernen gibt. »Die Noten, die mein Kind in der Schule erhält, beruhen auf Zwang. Sie sind mir nicht wichtig.« Wichtig ist, daß wir nicht notenhörig werden. Wichtig ist, daß wir uns durch die Schule nicht von unseren Kindern entzweien lassen. Wichtig ist, daß wir nie beginnen, in unseren Kindern Schüler zu sehen.

Man kann natürlich trotzdem darauf achten, daß die Hausaufgaben gemacht werden und daß die Kinder in der Schule so mitkommen, daß man selbst zufrieden ist. Daß sie also akzeptable Noten mit nach Hause bringen. Man kann Vokabeln abhören, Mathe üben, Lehrergespräche führen, Nachhilfe besorgen – da gibt es viele Möglichkeiten. Man *kann* das alles tun – aber um welchen Preis? Wieviel Familienfrieden soll für den Schulerfolg geopfert werden?

Wenn man die Kinder aber in Ruhe läßt und sie dann lauter Fünfer und Sechser mitbringen? Wenn sie nicht die Zeugnisse bekommen, die sie für einen guten Beruf brauchen? Es gibt keine zufriedenstellende Antwort auf dieses Problem. Ich weiß aber, daß ich lieber ein Kind um mich habe, das hier und jetzt glücklich ist – und sei es mit Fünfen und Sechsen –, als eins, das schulkrank ist und gute Noten hat. Und wer sagt denn mit Recht, daß Kinder mit schlechten Noten im Erwachsenenleben unzufriedener sein werden als die Nachbarskinder, die immer gut in der Schule waren? Auch Albert Einstein war kein guter Schüler. Außerdem lassen sich Hauptschulabschluß, Mittlere Reife oder Abitur nach der regulären Schulpflicht noch machen. Dann sind die Kinder weiter, haben einen größeren Überblick, und die gesamte Thematik »Ausbildung« kann ohne den Zwang der Schule bedacht werden.

Eltern merken, wofür sich ihre Kinder interessieren. Und dort kann man Angebote machen, etwas schenken, etwas unternehmen. Oder man macht einfach generell viele Angebote im Miteinander mit Kindern. So, wie es einem selbst Spaß macht, und ohne daß dies in Streß ausartet. Die Kinder suchen sich dann schon das Ihre aus, und auch ohne unsere Angebote lernen sie, ein Leben lang.

»Du interessierst Dich doch so für Technik. Wie wäre es mit einem Metallbaukasten zum Geburtstag?« – »Du willst doch gern Tiere schützen. Da gibt es einen Kurs zum Bauen und Aufhängen von Nistkästen. Soll ich Dich da anmelden?« – »Du hilfst doch gern anderen, wenn sie krank sind. Wenn Du magst, gehen wir heute Abend in einen Film über Albert Schweitzer.«

Wenn die Kinder wissen, daß die Eltern ihr *eigenes* Lernen unterstützen und sie auch beim Schullernen nicht allein lassen, dann können sie mit einer gelassenen und befreiten Einstellung zur Schule gehen. Sie können sich sagen: »Wir brauchen keine guten Noten. Wir sind hier, um zu sehen, was es an Angeboten gibt, was uns persönlich interessiert. Und wir freuen uns auf die Lehrer, von denen wir gemocht werden und die wir gut leiden können.«

Die Menschenrechtssituation in der Schule verbessert sich dadurch freilich nicht. Doch wird für die Kinder durch solch passiven Widerstand das große Problem Schule hier und heute wie von selbst viel kleiner. Zudem enthält der friedliche Pragmatismus, der in der revolutionären Umdeutung der Schule zugunsten des *persönlichen Nutzens der Kinder* liegt, eine nicht zu unterschätzende Dynamik für die Zukunft.

IV

Schule: 29. Januar 2014, 10.03 Uhr

Deutscharbeit in der Klasse 8c. Aufsatz. Angespannte Ruhe liegt über den jungen Leuten. Ein Stuhl wird gerückt. Der Lehrer blickt auf. Ein Schüler ist aufgestanden. »Was ist los, Kilian?« Alle sehen jetzt auf. Der Schüler sieht zufrieden aus. Er schaut zur Tafel, durch sie hindurch. »Kilian, was ist?« Leicht irritiert steht der Lehrer auf. »Ich schreibe nicht weiter.« »Bitte?« »Ich schreibe nicht weiter. Ich schreibe keine

Aufsätze mehr.« Nach einer Sekunde absoluter Stille wird es
sehr unruhig. »Seid still!« Der Lehrer wird energisch. »Laß
den Quatsch und setz Dich. Schreib weiter.« Kilian richtet
sich ganz auf. Er sieht den Lehrer an. »Sie haben kein Recht
dazu. Meine Gedanken gehören mir. Niemand hat das Recht,
meine Gedanken auf sein Papier zu befehlen. Ich werde
keine Aufsätze mehr schreiben. Nie mehr.« Seine Entschlossenheit bewirkt noch einmal absolute Stille im Klassenraum.
Dem Lehrer gelingt keine Antwort. Zwei, drei andere junge
Leute stehen ebenfalls auf. Sie sagen nichts, sie schließen ihre
Hefte. Der Lehrer ist fassungslos, sprachlos. Alle stehen
jetzt, alle Hefte sind geschlossen. »Wollen Sie einen Kaffee?«
fragt Freya, »ich hole einen.«

Tagesschau: »Überall im Land haben sich heute Vormittag
zahlreiche Schüler geweigert, ihre Klassenarbeiten zu schreiben. Lehrer berichten, daß die Schüler mitten im Unterricht
aufstanden und die Fortsetzung ihrer Arbeiten ablehnten.
Lehrer, Pädagogen, Psychologen und Eltern können sich
diesen Vorgang nicht erklären, zumal es an sehr vielen Orten
gleichzeitig gegen 10.00 Uhr vormittags geschah. Die Ent-
schiedenheit der Ablehnung, Klassenarbeiten zu schreiben,
kam um so unvermuteter, als es keine vorherigen Anzeichen
für ein solches Phänomen gab.«

3. Streiten und Schlichten

Zwei Dreijährige streiten. Ines reißt Melanie an den Haaren.
Melanie beißt. Sie schreien und heulen sich an. Ich bin dabei,
knie vor ihnen und sehe sie vor mir. Ich nehme auf, was sie
tun, und mein Gesicht drückt aus, daß mich ihr Streit angeht
und wie er mich angeht. Ich spüre ihr Leid und das Gewitter
ihres Zusammenstoßes. Es geht darum, daß Ines auch mal
Melanies Rad mit Stützrädern benutzen will. »Ist meins«, sagt
Melanie, und sie will nicht.

Ich habe keine Aufforderung zum Schlichten erhalten. Weder Ines noch Melanie wenden sich an mich, ihr Problem zu lösen. Und selbstverständlich lasse ich sie ihren Streit führen. Wie hätte ich das Recht, mich in ihre Angelegenheiten einzumischen, unaufgefordert? Ihre Angelegenheiten sind gerade sehr laute Angelegenheiten, mit Schmerz und Leid, Wut, Zorn und Ärger.

Soll ich mich als Oberschiedsrichter betätigen und »Frieden stiften«? Frieden stiften: Ich habe oft genug erlebt, daß »friedenstiftende« Erwachsene ihre Macht ins Spiel brachten, um einen Konflikt zu beenden. Da stoppt jemand mit seinen Machtmitteln – mit lauter Stimme, körperlicher Überlegenheit, psychischem Druck – den Krach der anderen. Er wird aggressiv, um Aggressivität zu beenden. Er führt den Superkrieg, um den Krieg der Kleinen zu befrieden. »Alles hört auf mein Kommando« – die Ordnungsmacht hat gesprochen. Wer sich so den Kindern gegenüber verhält, lebt den Kindern vor: Mit Herrschaft und noch mehr Aggressivität und Macht kann man einen Konflikt beenden. So ein Erwachsener stiftet nicht Frieden, sondern er stiftet eigentlich zum nächsten Krieg an.

Ich will uns Erwachsenen dies nicht zum Vorwurf machen. Wir sind schließlich in einer Tradition des erzieherischen Befriedens großgeworden. Wir haben Angst vor aggressiven Auseinandersetzungen und wünschen uns den Frieden so sehr, daß wir schnell bereit sind, ihn mit kriegerischen Mitteln herzustellen. Unsere Angst und Unfähigkeit, aggressive Konflikte als menschliche Realität zu akzeptieren, machen uns hilflos und uneffektiv.

Mit einer erziehungsfreien Einstellung läßt sich erkennen, daß Kinder mit ihrem Streit leben können – schlicht und einfach. Streit wird nicht zu dem Problem, das Erwachsene darin sehen. Man kann von den Kindern den unverkrampften Umgang mit dem Streit wiederentdecken, wie man ihn selbst als Kind praktiziert hat, und man hat die Möglichkeit, sich *nicht* in ihren Streit einzumischen.

Wenn ich mich so vor Ines und Melanie hinknie und »da bin« (emotional und konzentriert anwesend bin), dann bringe ich ein, was ich an friedenstiftenden Dingen geben kann: »Ich mag euch. Jeden von euch. Ich mag euch, auch wenn ihr streitet.« Und ich bin schon ein Stück weiter: »Ich mag euch – ob ihr streitet oder nicht streitet. Es ist nicht wichtig für das Mögen, was ihr tut: streiten oder nicht streiten. Ich mag euch ohne Vorbedingungen. Ich mag euch als Streitende und als Nichtstreitende, wie es kommt.« Ich habe Platz in mir für ihre Aggressivität, die mir in den Ohren gellt. Und für ihre Wut und ihren Zorn, die in mir tiefe Gefühle aufrühren. Ich lasse mich auf ihren Streit auch mit meinem Gefühl ein, dies verwirrt mich nicht. Ihr Geschrei, ihr Weinen und ihre Tränen sind für mich nicht das Signal, besorgt einzugreifen. Sie vertrauen mir ihren Streit an, ihre Tränen und ihre Wut. Es ist ein kostbares Anvertrauen. Und nicht geeignet für »befriedendes Helfen«.

Für mich gibt es den streitenden Kindern gegenüber die Möglichkeit zu freundlicher Neutralität. Neutral: Ich mische mich nicht in die streitenden Angelegenheiten von Kindern ein. (Es sei denn, ich kann ihren Streit nicht mehr mit ansehen, er ist mir zu wild, zu ungerecht, zu gefährlich.) Freundlich: Ich stehe nicht abseits, sondern ich fühle mich in die Situation einbezogen, ich bin konzentriert und präsent. Ich bin da für die Ansprache der Kinder: »Hilf mir« – »Ich mische mich nicht ein« – »Was können wir machen, um uns zu einigen?« – »Ich schlage vor ...« – »Der ist so gemein« – »Ja (ich spüre deinen Ärger und Zorn)«. Und: Es gibt keine »bösen« Streiter. Schuldzuweisungen haben in einer erziehungsfreien Beziehung nichts zu suchen, auch nicht, wenn Kinder streiten.

Kinder lösen ihre Konflikte ohne Erwachsenenhilfe. Da gibt es Niederlagen und Siege und Einigungen. Wie es eben kommt. Das Verlieren enthält keine Dramatik, das Gewinnen auch nicht. Es kommt und geht, und schon kommt Neues. Ihre Grundeinstellung dem Konflikt gegenüber ist von anderer Art als unsere Erwachseneneinstellung hierzu.

Nachdem Ines das Rad nicht bekam, lief sie aus dem Hof in den Garten. Ich war mit Melanie allein. Sie sah mich an und ich merkte, daß sie das kannte: Die Angst, etwas angerichtet zu haben und bestraft zu werden. »He, Du, hallo«, sagte ich und sah sie aufmerksam an. In ihren Augen lebte das Vertrauen zu mir, und sie wandte sich um und ihrem Rad zu. Ich ging zu Ines, setzte mich in ihre Nähe und sprach sie nicht an. Wozu etwas sagen? Ich brachte ihr Wichtigeres als Gerede mit: Mein »Ich bin da und habe Zeit für Dich«. Sie merkte, daß ich gekommen war, kam aber nicht zu mir und sah auch nicht zu mir hin. Ich setzte mich an den Zaun und dachte über dies und das nach. »Schaukelst Du mich?« Das Leben geht immer wieder auch liebevoll weiter, wenn wir seine Erscheinungen akzeptieren und kein Drama daraus machen.

4. Rote Karte

Wer beim Fußballspielen gegen die Regeln verstößt, bekommt schließlich die Rote Karte. »Rote Karte« bedeutet eine Auszeit, der Spieler sitzt am Rand und darf nicht mehr mitspielen. Die Rote Karte hat etwas mit der Thematik Grenzen, Regeln, Strafe, Unterordnung, Einsicht, Sinn, Würde, Achtung zu tun. Mit einem ganzen Themenbereich. Ich denke darüber nach, was sich vom Fußballspiel und der Roten Karte auf die erziehungsfreie Beziehung übertragen läßt.

Es geht um Regeln und Regelverstoß und darum, wie man damit umgeht. Wer stellt die Regeln auf? Wir Erwachsene.

Was sind das für Regeln? Sie sind das Ergebnis unserer Erfahrung, unseres Wissens, unserer Ängste, unseres Muts, unserer großen und kleinen Befindlichkeiten. Die Regeln, die wir den Kindern vorsetzen, sind immer *unsere* Regeln. Sie sind wichtig, damit wir im Zusammensein mit den Kindern uns selbst nicht verlieren, nicht aus dem Gleichgewicht geraten, uns selbst wiederfinden in der Eltern-Kind-Beziehung. Sie schützen uns. Und viele dieser Regeln schützen auch die Kinder. Vor Folgen, die sie nicht überblicken. Vor Folgen, die ihnen selbst oder anderen schaden können. Wie wir meinen. Wir Erwachsene bestimmen diese Regeln, in der Familie, im Kindergarten, in der Schule, in der Gesellschaft.

Egal, wie sinnvoll oder unsinnig die Regeln auch sein mögen. Sie stehen fest, bis wir sie ändern, und sie gelten für die Kinder. Die Kinder kennen die jeweiligen Regeln der jeweiligen Erwachsenen. Bei Mutter so, bei Vater so, bei Oma so, bei Lehrer Müller so. Viele sind gleich, viele sind anders. Sei's drum: Die Kinder wissen Bescheid, mit wem sie es zu tun haben, und wie es mit dessen Regeln beschaffen ist. So, wie sie viele Spiele und die zugehörigen Spielregeln kennen.

Wenn die Kinder sich an die Regeln der Erwachsenenwelt halten – das kann man gut finden, das kann man kritisch unter die Lupe nehmen. Je nach eigener Position wird man so oder so darüber denken. Für einen Erwachsenen, dessen Regeln von den Kindern eingehalten werden, ergibt sich ein solches Problematisieren selten, wer fragt sich schon, weshalb seine Kinder folgsam sind.

Wenn die Kinder sich nicht an eine Regel halten – was dann? Was gilt dann für erziehungsfreie Menschen? Für Menschen, die davon ausgehen, daß Kinder eine eigene souveräne Innere Welt haben? Daß Regeln niemals wirklich zu Recht für einen anderen erlassen werden können? Daß für uns unsere Regeln aber unverzichtbar sind?

Der Regelverstoß ist zunächst einmal nur ein Regelverstoß aus der Perspektive des Regelsetzers. Kinder *können* unsere Regeln als auch für sie gültig anerkennen. Aber sie können sie auch ablehnen, aus ihrem Königtum heraus. Das weiß und das achte ich. Jeder Mensch deutet die Welt nach seinen eigenen Gesetzen, und niemals steht einer dabei über dem anderen. Die Regelwerke der Kinder haben dasselbe Gewicht wie die der Erwachsenen. In der Bewertung der Regeln gibt es Gleichwertigkeit (meine Regel steht nicht über deiner) und Verschiedenheit (meine Regel ist anders als deine). Von daher – Gleichwertigkeit bei aller Verschiedenheit – gibt es auch keinen Regelverstoß, den wir Erwachsene irgendwo geltend machen könnten, bei einer über uns und den Kindern schwebenden Schiedsstelle. Es gibt im Spiel von Erwachsenen und Kindern keinen Schiedsrichter. Was nicht ausschließt, daß der eine von beiden »Regelverstoß« ruft. So können Erwachsene die Kinder sehen, und umgekehrt.

Wenn sich also ein Kind nicht an meine Regeln hält, was dann? Ich möchte meinen Regelfrieden wiederherstellen. Meine Regel hat etwas mit meiner Grenze zu tun. Mein Schild: »Bis hierher und nicht weiter« wurde nicht beachtet. Wenn mir das zuviel ist, muß ich etwas gegen diese Grenzverletzung tun. Ohne Herabsetzung dessen, der mein Stoppschild nicht als seins angesehen hat. Wenn ich nichts tue, wird sich das Kind in einem Bezirk aufhalten, wo es – für mich, meine Weltsicht, Identität – nichts zu suchen hat. Ich werde diese Grenzverletzung heilen, damit ich daran nicht krank werde. Ich sorge dafür, daß meine Regel als Stoppschild vor meiner Identität repariert wird: Sie wurde verletzt, aber sie soll weiterhin gelten. Eine Regelverletzung läßt sich rückgängig machen. Wirklich? Besser: Sie läßt sich heilen. Aber wie?

Im Fußball durch die Rote Karte. Auszeit. Im Alltag mit Kindern durch – durch was? Was sind unsere Roten Karten für die Kinder, wenn sie unsere Regeln verletzen? Wie verteidigen wir unsere Stoppschilder?

Ein Kind wirft mit Steinen, ärgert den Bruder, bleibt nicht an der Kreuzung stehen, ach, tausend Situationen. Die Kinder tun nicht, was sie sollen. Regelverstoß. Rote Karte. Nur: welche Karte funktioniert wirklich? Was ist die Zauberkarte? Ich weiß das natürlich auch nicht. Jeder hat da seine eigenen Erfahrungen, und es ist auch bei allen Roten Karten immer so, daß sie etwas aus der jeweiligen Beziehung zwischen mir und dem Kind sind, und was in der einen Familie funktioniert, ist in der anderen völlig unangemessen.

Ich weiß aber, was alle Karten verdirbt, was keine Heilung, sondern nur noch mehr Unfrieden schafft. Es ist das freundliche oder ärgerliche »Ich habe recht« und das gutgemeinte oder missionarische »Sieh das ein«, ganz zu schweigen von dem unakzeptablen »Du bist böse/schlecht/unverschämt/dämlich ...« Es ist die Haltung, der Bessere zu sein, und die Kinder hätten aber doch dies und das zu tun. Rote Karten mit gutgemeinter oder nicht gutgemeinter Herabsetzung sind etwas anderes als Rote Karten ohne jegliche Herabsetzung. Wenn schon Rote Karten, dann mit Respekt und Achtung, die aus der Gleichwertigkeit kommen. Wie beim Fußball.

Sind die Kinder nicht den Regeln und den Roten Karten der Erwachsenen schutzlos ausgesetzt? Kinder sind Erwachsenen immer ausgesetzt. Das Rufen nach »Schutz« für die Kinder kommt von denen, die ihrerseits Regeln und Rote Karten, den Erwachsenen gegenüber festsetzen wollen. Und über diese (Schutz)Regeln und Karten ist in derselben Weise nachzudenken. So ein Gedanke liegt zwar nahe, der Willkür der Erwachsenenregeln etwas entgegenzusetzen, aber er bringt keine neue Erkenntnis. Wir werden immer Regeln und Rote Karten haben. Welche? Hier gibt es so viele Lösungen, wie es Menschen gibt. Es fragt sich also: Was sind *meine* Regeln und´

was sind *meine* Roten Karten? Hierüber kann man sich austauschen, durchaus auch mit den Kindern. Klar, es ist schön, wenn man »offen«, »großzügig« und »freundlich« in dieser Problematik ist. Aber auch der, der das alles enger sieht, muß für sich einstehen, oder er geht unter. Jeder hat da seinen eigenen Weg. Der sich immer auch verändern läßt.

Die Rote Karte wird das Verhalten der Kinder beim nächsten Mal kaum ändern können. Nicht die Rote Karte! Die Rote Karte ist etwas für jetzt, für die Heilung der Verletzung. Für das Wiederherstellen meines Regelwerks und meiner erbetenen und benötigten Achtung, die ich nicht gewahrt sah. Anders beim nächsten Mal wird es erst, wenn die Kinder das selbst wollen. Sie kennen alle Zusammenhänge, die Regeln sind bekannt. Auch die Roten Karten, die im Fall des Falles ins Haus stehen. Wer auf eine Änderung beim nächsten Mal aus ist, der betritt glitschigen Boden: Da schlittert man leicht in das Seele-Verändern, in das »So wie Du bist, bist Du nicht richtig«. Das Ändere-Dich kann nur ein Wunsch, eine Bitte, ein Hilferuf sein. Bitten werden nicht immer erfüllt. Steinewerfen ist doch super! Wozu sind Steine denn da? Das Auge, das in Gefahr ist: Das wird erst dann geschützt, wenn die Idee von Schützen und Achten in der gesamten Beziehung lebt, jenseits von Seele ändern, Vorschriften machen, Recht haben, gut und böse.

Wenn man länger erziehungsfrei lebt, wird diese Problematik immer unbedeutender. Und es gelingt mehr und mehr, die *Stoppschilder der Kinder* zu sehen und zu beachten: »Ich will nicht« – »Das ziehe ich nicht an« – »Das will ich haben« – »Das schmeckt mir nicht« – »Warum?« – »Wieso?« – »Später« – »Laß mich« – Jammern, Heulen, schrille Töne, sanfte Blicke, Clownereien, entschiedene Haltung, Humor, Lachen, absurde Ausreden, verzogene Münder, stampfende Füße, »Papa!!«, »Mama!!« – tausend Varianten, und immer die Möglichkeit zu verstehen, *ihre* Grenze zu sehen und zu achten.

Die Kinder zücken keine Rote Karte, das ist im Spiel nicht vorgesehen, sie haben diese Macht nicht. Aber sie zeigen ihre Stoppschilder, unmißverständlich eigentlich. Man kann um diese Dinge wissen und, ohne Streß, daran denken und vielleicht, ohne Streß, ab und zu oder auch öfter mal halt machen. Sich selbst die Rote Karte verpassen, augenzwinkernd, aber wirksam.

5. Wer bist Du eigentlich?

Erwachsene sehen Kinder vor allem als Wesen, die *werden*, weniger als Wesen, die *sind*. Kinder wachsen und entwickeln sich. Wer sie *jetzt* sind, ist da nur am Rande wichtig. Doch als wir selbst Kinder waren, war es für uns selbstverständlich, daß wir sind – jetzt und gleich und eben. Wir lebten in der Zeit, mit ihr, nicht im Gegensatz zur Zeit. Nicht jenseits oder vor der Zeit, der eigentlichen Zeit. Wir waren Wesen, die nicht im Werden lebten, sondern im Sein.

Die Zukunftsperspektive drängt Erwachsene dazu, die Kinder zu ändern, damit sie werden, wie sie sein sollten. Da das aber immer wieder mißlingt, ärgern sich die Erwachsenen über die »schlimmen« Eigenschaften der Kinder, über ihren Ungehorsam und ihre fehlende Bereitschaft zur Einsicht. Über den Bruder, der die Schwester wegschubst, über die Schwester, die den Bruder an den Haaren zieht – zigtausend unakzeptable und schreckliche Varianten. Doch jeder noch so verzweifelte Hilferuf »Dieses Kind habe ich nicht bestellt« wird am himmlischen Nottelefon kurz und bündig mit »Hab ich aber geliefert« zurückgewiesen. Diese harsche Abfuhr stößt Erwachsene aus dem Wolkenkuckucksheim der Erziehung auf den Boden der Tatsachen. Auf daß sie die Realität erkennen können: daß nämlich Kinder die Wesen sind, die sie jetzt sind – und daß sie nicht vorkommen als Wesen, die erst in der Zukunft wirklich leben und jetzt nur zu Besuch da sind.

Doch wie lassen sich die Kinder als Menschen erkennen, die jetzt schon real existieren mit genau diesen jetzt real existierenden Eigenschaften? Welche Frage ist wichtig? Nun, meine Aufmerksamkeit gilt der Gegenwart. Ich habe die Zukunftsperspektive nicht aufgegeben, aber sie kommt mir nicht zur Unzeit dazwischen. Und so frage ich: »*Wer bist Du eigentlich?*« Ich weiß dabei, daß dies immer auch eine Antwort auf die Frage »Wer bin ich eigentlich (im Umgang mit Kindern)?« enthält. Also: Wer ist dieses Kind vor mir *jetzt?* Und da gibt es zigtausend lebendige Antworten ...

Ein NochEinBrotKind.

Ein BinNichtMüdeKind.

Ein ErzählMirEineGeschichteKind.

Ein BinSchonFertigKind.

Kein HundeRausgehKind.

Ein DannSpielIchEbenGarNichtMehrKind.

Ein AmeisenTottretKind.

Ein LaßMichInRuheKind.

Kein AutoAnschnallKind.

Ein IchHelfeDirKind.

Ein TreppengeländerRutschKind.

Ein HonigSchmierKind.

Kein ZähnePutzKind.

Ein BruderSchlageKind.

Ein IchHabeSchlechtGeträumtKind.

Kein HändeWaschKind.

Ein MirIstKaltKind.

Ein WieSpätIstEsKind.

Kein TaschengeldSparKind.

Ein WannSindWirDaKind.

Ein SagIchNichtKind.

Ein HabIchAberWohlKind.

Kein FährtVernünftigMitDemRadKind.

Ein KlavierÜbeKind.

Ein BlumenPflückKind.

Ein DiskoBesucheKind.
Ein ZigarettenKind.
Kein IchZiehMichAnKind.
Ein IchEßDasNichtKind.
Ein FaxenMachKind.
Ein GeldKlauKind.
Ein WoIstMeinTeddySchuhBall...Kind.
Kein SonnencremeEinreibKind.
Ein JungenSindDoofKind.
Ein IchGehZumReitenKind.
Ein SchlüsselVerlierKind.
Kein ZimmerAufräumKind.
Ein GehWegSageKind.
Ein HabeKeineLustKind.
Ein DasZiehIchNichtAnKind.
Kein MeerschweinchenkäfigSaubermachKind.
Ein WiesoDennKind.
Ein IchWillZuerstKind.
Ein WoGehenWirHinKind.
Ein MachIchSpäterKind.
Kein KatzenFütterKind.
Ein DauerndWarumFrageKind.
Ein KeineHausaufgabenMachKind.
Ein MitTierenBehutsamUmgehKind.
Kein AnDerHandGehKind.
Ein WennEsSeinMußKind.
Ein WiderworteKind.
Kein NaseputzKind.
Ein JammerUndGeschreiKind.
Ein MeinZahnIstWegKind.
Ein KarateTrainingKind.
Kein IchDuschMichKind.
Ein SchrankAufräumKind.
Ein DasHabIchVergessenKind.
Kein BücherLeseKind.
Ein DaranHabIchNichtGedachtKind.

Ein BringMirWasMitKind.
Kein FrühstücksbrotAufeßKind.
Ein DasWarIchNichtKind.
Ein SpielstDuMitMirKind.
Ein KicherKind.
Kein DankeSagKind.
Ein IchGehJetztLosKind.
Ein DerHatAberMehrKind.
Kein PünktlichKind.
Ein SchonWiederAufstehKind.
Ein RotzeHochziehKind.
Ein DasIstMirZuWeitKind.
Kein HaareWaschKind.
Ein IchFreuMichAufKind.
Ein DasSchmecktMirNichtKind.
Kein GutInDerSchuleKind.
Ein DreckigeHoseKind.
Ein TretenBeißenKratzenSpuckenKind.
Kein FingernägelSchrubbeKind.
Ein DaumenLutschKind.
Ein InsBettMachKind.
Ein FrecheAntwortenGebeKind.
Ein EmpfindlicherMagenKind.
Kein GemüseEßKind.
Ein SchwesterÄrgerKind.
Ein IstMirDochEgalKind.
Ein MamaBleibHierKind.
Kein WeihnachtsgeschenkeBastelKind.
Ein KriegIchNochEinEisKind.
Ein DasSagIchAberMamaKind.
Ein LügenKind.
Kein BeimZahnarztDenMundAufmachKind.
Ein HerumalberKind.
Ein VerbotenesExtraTuKind.
Ein SpielsachenZerstörKind.
Kein BüchereibücherRückgebeKind.

Ein NachtsNichtNachHauseKommKind.

Ein ZuDünnAnziehKind.

Ein VerboteneSüßigkeitenKaufKind.

Kein MedizinEinnehmKind.

Ein FingernägelKnabberKind.

Ein EndlosTelefonierKind.

Ein FernsehenOhneEndeKind.

Kein NasseBadehoseAusziehKind.

Ein BierTrinkKind.

Kein ZahnspangenBenutzKind.

Ein TobeKind.

Ein KokelKind.

Kein IchEntschuldigeMichKind.

Ein MorgensZeitigAufstehKind.

Ein DenToasterDochBenutzKind.

Kein BedankeMichBriefSchreibKind.

Ein SchonWiederApfelImBettEßKind.

Ein ToterHaseAnfaßKind.

Ein SplitterRausziehSchreiKind.

Kein ComputerAusstellKind.

Ein MachNochEinenVersuchKind.

Ein IchMöchteDasNichtKind.

Ein IchHabDichLiebKind.

IV   Von Person zu Person

In diesem Kapitel berichte ich in vielen Beispielen von meiner eigenen erziehungsfreien Praxis. Meine Erlebnisse mit den Kindern des Forschungsprojekts zur Erkundung erziehungsfreier Beziehungen, mit Kindern aus dem Bekanntenkreis und mit den eigenen Kindern geben Einblick in meine individuelle Art und Weise, erziehungsfrei zu leben. Sie sind keine verbindlichen Vorbilder für jemanden, der erziehungsfrei leben möchte, denn erziehungsfreies Verhalten kann in denselben Situationen sehr unterschiedlich sein. Wie jedes Verhalten wird auch die erziehungsfreie Praxis von den Persönlichkeiten der Handelnden geprägt, und was für den einen erziehungsfreien Vater möglich ist, ist es für den anderen noch lange nicht.

Wenn ich davon berichte, daß ein Kind vom Beifahrersitz aus mein Auto lenkt und daß ich dies auch bei hoher Geschwindigkeit zulasse, so heißt das nicht, daß man so etwas gestatten muß, um erziehungsfrei leben zu können! Es ist mir damals gerade möglich gewesen, zu diesem Wunsch ja zu sagen, doch ich hätte genauso gut auch nein sagen können. Wieviel man zuläßt oder untersagt ist nicht das Kriterium für erziehungsfreies Verhalten, sondern es kommt wie stets auf die innere – erziehungsfreie – Haltung an. Diese lebt allerdings in allen meinen Beispielen.

In meiner Praxis folge ich dem Insgesamt meines Wissens, meiner Erfahrung, meiner Gefühle, der Situation: Aus all diesem komponiert sich der Impuls, der mich handeln läßt. Es kann sein, daß Angst überwiegt und daß mich das Selbstvertrauen eines Kindes nicht erreicht. Dann stelle ich mich in den Weg des Kindes, um etwas gegen meine Angst zu tun. Nicht aus Verantwortung für ein Kind – diese hat es selbst –, sondern weil meine Angst und meine Sorge in eine andere Richtung weisen.

Doch ich bin auch immer wieder ohne Angst, gelassen, in schlüssigem, auch mitreißendem Kontakt zur Sicherheit und zum Selbstvertrauen eines Kindes. Ich lasse mich nicht oberflächlich oder leichtsinnig darauf ein – die Brücke ist fest und trägt. Wenn ich so bin – durchgetaucht durch die eigene Ängstlichkeit –, erlebe ich das Abenteuer, das Leben heißt. Als Gast im Land der Kinder erfahre ich meine eigene Kraft, angesteckt von der Lebensfreude dieser göttlichen Wesen. Und ich ahne dann etwas von der Macht der Morgenröte, die sich durch nichts aufhalten läßt und der Sonne den Weg bereitet.

1. Kinderland

Kirmes. Petra (12) ist mit mir im Raketenkarussell. Vor einer Stunde habe ich sie mit den anderen aus der Gruppe getroffen. Ich spüre, wie sehr ich noch ein »richtiger Erwachsener« bin. Ich merke, daß ich mich so benehme, wie es sich eben gehört, wenn man mit Kindern zur Kirmes geht. Als das Karussell abhebt und wir langsam aufsteigen, dann schneller werden – da sehe ich zu ihr und sie sieht zu mir: Und es ist, als löse ich mich mit ihrem Lachen vom Erwachsenenstern, um mit ins Kinderland zu fliegen.

Eine Schaukel im Hinterhof. Ich bin mit Melanie (3) nach draußen gegangen. Sie will auf dem Sitz der Schaukel stehen. Ich rücke mir eine Kiste zurecht, damit ich nah sitze und zugreifen kann, wenn sie fallen sollte. Ich soll sie höher schaukeln. Ich bin sehr aufmerksam und konzentriert wegen der »Gefahr«. Für Melanie muß es sehr schön sein. Als sie sich wieder setzt und sich weiter schaukeln läßt, sieht sie mich an – und sie lacht und ist glücklich. Wir sehen uns durch und durch an: Sie ist befreit, seit einer Stunde sind wir zusammen, und ich habe sie noch nicht gestoppt. Ich spüre, wie sie hier – beim Schaukeln, wie sie es will – zu sich kommt, wie sie mir ihr Innen zuwendet: »Ich kann die sein, die ich sein will. Du läßt mich Ich sein.« Sie läßt den Kopf nach hinten fallen und macht die Augen zu. Sie setzt sich wieder hin und sieht mich an und lacht. Ich bin glücklich, daß ich mich durch die Ängste der »Gefahr« durchgetraut habe. Ich kann ihr dort begegnen, wo sie jetzt gerade ist.

Es hat geregnet, die Wiesen und der Wald sind feucht. »Wer kommt mit spazieren?« Moni (11) hat Lust. Wir ziehen durch den Wald. Ich lasse mir von ihr zeigen, wie sie dies alles erlebt. Sie führt mich durch den Wald und zu den Blumen. Und sie führt mich zu einer Art des Erlebens zurück, die bei mir in Vergessenheit geriet. Wir überqueren einen Bach, und es ist, als betrete ich verlorenes Land. Die Blume, die wir von dort mitbringen, wächst wieder in mir.

Arnd (14) und Netty (14) sind beim Rudern auf dem See ins Wasser gefallen. Es war sehr lustig. Aber »wenn meine Eltern merken, daß ich ins Wasser gefallen bin, kriege ich Ärger«. Ich manage: »Los, es ist vier Uhr. Wir fahren zu mir, ich bringe eure Sachen in die Schnellreinigung. Das könnte bis sechs fertig werden.« War es dann auch. Und das Wassererlebnis blieb schön bis zum Schluß.

Antje (13) und Doris (13) sind mit mir und Freunden zum Essen ausgegangen. Beim Nachtisch sehen sie auf die Zigarettenpackung auf dem Tisch. Ich sehe zu ihnen. Was stimmt nicht? Sie rauchen beide. Hinterher frage ich sie, warum sie meine Freunde nicht gefragt haben, ob sie eine Zigarette abbekommen können. Sie sind sonst problemlos damit. Es waren die beiden anderen Großen. »Vor denen habt ihr Angst?«, wundere ich mich. Ich merke, daß ihr Vertrauen ein kostbares Gut ist. Sie übertragen es nicht leicht, auch nicht auf Freunde von mir.

Ich bin mit vier Kindern im Auto. Andy (13) sitzt vorn neben mir. Sie will lenken. Ich sage »O.k., versuch es«, und sie lenkt vom Beifahrersitz aus. Ich konzentriere mich sehr und kann jederzeit eingreifen. Aber sie lenkt souverän. Der Wagen liegt ruhig. Sie bekommt das mit der Einschätzung von Geschwindigkeit, zurückgelegter Wegstrecke und Lenkmanövern hin. Als es auch andere versuchen, merke ich, daß jeder anders lenkt. »Ich will nicht«, auch das gibt es. Später, nach einigen Fahrten, lenkt Andy so gut wie ich. Selbst bei 100 Stundenkilometern ruhig und sicher. Wir haben uns einsame Strecken ausgesucht. Ich bin froh, daß ich mich getraut habe, ihnen zusehen zu können.

»Theo (15), mach Dir doch die Schuhe sauber, ehe Du reinkommst. Es gibt hier keinen Staubsauger.« Wir sind im Ferienhaus. Ich bin ärgerlich, daß die Kinder nicht aufpassen. Diesmal werden die Schuhe sauber, aber beim nächsten Mal sind sie wieder dreckig. Da denke ich nach: Würde ich die Erwachsenen, die nächste Woche mit mir hier sein werden, auch dauernd so anmachen? Ich würde einmal eine spaßhafte Bemerkung machen, damit sie Bescheid wissen. Und es dann ihnen überlassen, wie sie es machen. Aber Theo gegenüber dränge ich dauernd darauf, daß er seine Schuhe sauber macht. Ich erwische mich beim Herrschen und lasse ihn dann in Ruhe. Ich bekomme es hin, ihn mehr zu mögen als saubere Schuhe. Es ist schwer – aber ich mag mich, daß ich mich da so anstrenge.

Es ist heiß. Ich habe Miriam (3), Reinke (4) und Julian (4) vom Kindergarten abgeholt. »Es ist so warm.« Ich schlage vor, etwas zu trinken zu besorgen. Wir kommen zum Supermarkt. Sie suchen und zeigen mir dann, welche Limonade sie wollen. Ich bin auf sie konzentriert. Wir sind eingeflochten in unser Miteinander. So war ich noch nie in einem Supermarkt! Ich erlebe die Kinder – nicht den Supermarkt. Die Regale und die Erwachsenen treten zurück. An der Kasse tauche ich kurz auf, um zu bezahlen. Wir sprechen keine Worte – wir sprechen mit unseren

Augen. Draußen gehen wir ein paar Meter abseits. Ich knie mich hin und mache die Flasche auf. Wir trinken und sehen uns an. Wir bilden einen Ruhepol im Gewimmel der Fußgänger. Und wir haben alle Zeit.

Melanie (3) will Rad fahren. Sie hat ein Rad mit Stützrädern. Ich soll sie schieben. Ich fasse an den Lenker und tu es. Wir wandern so eine Dreiviertelstunde. Durch die Straßen bis zum Feld. Sie kennt sich aus. Sie sagt mir, wo es langgehen soll. Ich staune, daß sie so gut Bescheid weiß. Ich mache eine Entdeckung: Sie will meine Schiebekraft, nicht meine Führung. Ich soll nicht lenken beim Schieben. Ich soll nur schieben. Immer wieder ertappe ich mich, daß ich drauf und dran bin, beim Schieben auch zu lenken. 10 cm vor dem Gitter dreht sie den Lenker, und ich hatte mich schon zum Stoppen bereitgemacht. Einmal kriegt sie die Kurve nicht hin. Ich sah es kommen – und habe es geschafft, nicht einzugreifen. Sie sieht mich an – tja, Rückwärtsgang!

Drei Kinder (11-13) stehen hinten auf der Stoßstange des Autos. Ich fahre langsam, abgelegene Pfade, Feldwege. »Schleichwege fahren« nennen sie das. »Dürfen wir hinten mitfahren?« Es kam nur auf mein o.k. an. Auf nichts sonst, sie überlegten nichts weiter. Aber ich: Ist das erlaubt (natürlich nicht), was sagen die Eltern (nein, zu gefährlich), was kann nicht alles passieren. Wie kommt es, daß ich ja sage? Da gibt es eine Größe in mir, die sich nicht mit dem Intellekt erfassen läßt. Es ist ein sicheres Gefühl. Ein gutes Gefühl zu den Kindern – parallel dazu ein schlechtes Gefühl zu der Erwachsenenwelt. Ich möchte meinem guten Gefühl nachgeben. Es ist einfach wertvoller, mit den Kindern zu leben, bei ihnen gute Gefühle zu haben, als die Regeln der Erwachsenenwelt zu befolgen. Das »Wenn etwas passiert« ist bei den Kindern ganz anders aufgehoben als bei den Erwachsenen. Es ist, als ob wir uns alle das Risiko teilen. »Wenn etwas passiert« – daraus wird mir kein Vorwurf werden. Wir sind von gleicher Art. Wenn wir etwas tun, ist jeder für sich selbst zuständig. Ich vertraue ihnen, daß sie mir nichts vorwerfen werden. Ich habe keine Angst vor ihnen. Und weil ich keine Angst vor ihnen habe, kann ich bei ihnen der sein, der ich sein will: Ich kann sie auf der Stoßstange mitfahren lassen. Wir fahren durch Felder und Wälder, Sommerwind. Wir sind glücklich. Ich lasse mich in dieses Spiel fallen, und nachdem ich rausgefunden habe, bei welchem Tempo ich noch ruhig bin und sie noch Spaß haben, tun wir dies so oft, wie es uns bei unseren Treffen in den Sinn kommt.

Silvia (11) ist von der Stoßstange gefallen. Ich merke es schnell, weil ich sie dauernd im Rückspiegel habe. »Was ist passiert?« Sie hält sich ihr Knie. »Ich habe vergessen, mich festzuhalten.« Ich hatte Seile zum Festhalten angebracht. Die Hose ist kaputt. »Ich kriege Ärger.« Ulla (12), ihre Schwester: »Ach, ich sag Ingrid Bescheid, die näht das zu und sagt nichts weiter.« Sie problematisieren nicht, daß man vielleicht gar nicht hätte auf der Stoßstange fahren dürfen – in mir tauchte diese Angst sofort auf. Für die Kinder war das nicht das Problem dabei. Wir haben unser Spiel gespielt. Aber es könnte zu Hause Ärger geben – das ist ein Problem. Ich fahre dann rasch zu einer Apotheke, um etwas zum Desinfizieren zu holen. Dann waschen wir das Knie und kleben ein Pflaster drauf. Wir halten zusammen und erleben Wichtiges.

Arnd (14) und Theo (15) rollen das Auto, als ich gerade nicht da bin. Dabei ist die rechte Tür offen, sie stößt vor einen Balken und verzieht sich. »Die Tür geht nicht mehr zu.« Ich kann nicht gelassen reagieren, ich bin sauer. Aber sie sind so verdattert, daß ich schnell wieder zu dem komme, wie ich sonst bin. Ich denke an die Beulen auf dem Dach und daran, daß ich Freunden dazu gesagt habe »Souvenirs von den Kindern.« Genauso ist es doch mit der Tür! Oder mit ihren

Schreibereien und Bildern innen unter dem Autodach. Ich gehe ins Jugendzentrum und hole ein Brecheisen. Ich biege die Tür zurecht, sie geht wieder zu, sieht aber etwas mitgenommen aus. »Ist es schlimm?« fragen sie. »Die Tür geht doch zu«, sage ich.

Wir sind im Ferienhaus. Moni (11), Silvia (11), Claudia (12) und Jürgen (13). Ich bin neugierig, ob sie sich allein verpflegen können. Und ich habe auch keine Lust, für sie vier Tage lang zu kochen. »Wir gehen in den Supermarkt. Kauft euch, was ihr für vier Tage braucht.« Sie haben Geld mitbekommen und teilen es sich ein. Sie beraten sich, und ich berate sie ab und zu auch. Sie kaufen teils gemeinsam, teils jeder für sich. Die vier Tage machen sie es dann selbst: sich ernähren. Manchmal koche ich etwas für sie mit, manchmal sie für mich. Wenn sie sich allein ihr Essen machen und dann zufrieden essen, dann finde ich sie sehr souverän.

Es ist 23.00 Uhr. Claudia (12) hat etwas vor die Nase bekommen, sie ist riesig dick angeschwollen. »Kriegst du Luft?« Es sieht nach Bagatelle aus, morgen wird es weg sein, denke ich. Sie sagt, daß sie zum Arzt will. Wir fahren ins Krankenhaus, klingeln die Nachtbereitschaft raus, und die Nase wird untersucht. Es dauert insgesamt drei Stunden, bis wir zurück sind. »Morgen soll sie zum Nachsehen und Röntgen kommen«, sagt der Arzt. Am nächsten Morgen hat Claudia keine Lust dazu. O.k., ich akzeptiere. »Aber die Kinder können das doch gar nicht überblicken« höre ich in mir. Wenn Claudia erwachsen wäre, würde ich ein »Ich hab keine Lust« auch akzeptieren. »Du wußtest doch, daß es nicht so schlimm war, wieso fährst Du dann überhaupt los?« höre ich in mir. »Und deswegen erst um zwei Uhr im Bett!« Doch ich habe ganz andere Perspektiven. Ich habe mit Claudia erlebt, wie das von elf bis zwei war: Die Angst, ihr Vertrauen »Fährst Du mich zum Arzt?«, die

Fahrt, die Ankunft vor dem Krankenhaus, im Fahrstuhl, die Untersuchung, die Rückfahrt und die Erleichterung. Wir waren unter uns, ich fühlte mit ihr und sie vertraute mir ihre Sorge an.

Ricky (11) kommt mit einer Krach-Pistole auf mich zu. Er schießt, es ist riesig laut und dröhnt mir in den Ohren. »Hör auf, ich kanns nicht ab!« fahre ich ihn an. Das beeindruckt ihn nicht. Als er wieder schießt, schreie ich ihn so laut an, wie ich kann – er »fliegt« ein paar Meter weg. Ich bin wütend, drehe mich um und gehe eine Runde um den Block. Dann bin ich wieder ruhig und werde ihm dieses Ding wegnehmen, wenn er noch mal auf mich losgeht. Als er mich sieht, entschuldigt er sich. Ich merke, daß er mitbekommen hat, daß ich angemacht war. Mein Gefühl hat ihn erreicht, und wir verstehen uns wieder.

Andi (7) weint. Wir sind in einem Zeltlager, ich bin zu Besuch. Ich kenne sie erst ein paar Stunden. Die anderen sind gerade nicht da. Ich knie mich vor sie hin, sie steht drei Schritte weg. Sie hält die Arme vors Gesicht, sieht ab und zu her und weint. Ich bin ganz konzentriert und mache mich auf. Ich *höre ihr zu* und ich habe Raum in mir für ihre Tränen. Ich sage mit meinen Augen: »Hallo Andi, ich höre Dir zu und habe Platz für Deine Tränen. Du kannst mir Dein Leid erzählen.« Sie kommt langsam auf mich zu, bleibt stehen, sieht her und weint weiter. »Du kannst kommen und Dich in den Arm nehmen lassen. Du kannst aber auch dort bleiben und mich zuhören lassen«, sage ich ihr mit meinen Augen und mit meinen Gefühlen aus dem Bauch. Ich beginne, mich weiter zu ihr fallen zu lassen, sie beginnt, weiter auf mich zuzugehen. Plötzlich kommt ihre Gruppenleiterin – Glas zerbricht, eine Kreissäge kreischt, Singvögel fallen zu Boden. »Wer wird denn weinen«, sie nimmt Andis Hand und zieht sie ins Zelt. Ich bleibe voll Schmerz zurück, voll Schmerz über diesen Erwachsenen.

Ich treffe Alexander (5), Florian (6), Reinke (4) und Julian (4) am Kindergarten. »Was machen wir heute?« »Wir könnten mal in den Wald fahren.« Die Kinder kennen eine schöne Stelle. Jetzt sind wir mitten in der Stadt, und ich glaube nicht, daß sie den Weg finden. »Ich rufe bei euch zu Hause an und laß mir erklären, wo es ist.« Nein, sie wissen es selbst. Ich glaube es kaum, aber ich lasse mich drauf ein. Wenn wir woanders landen – na gut. Nach 20 Minuten sind wir da. Sie wußten genau Bescheid.

Jessica (8) war ein paar Tage bei ihrer Tante in den Ferien. In dieser Zeit habe ich am Buch gearbeitet und auch etwas Aktuelles über ihre Schwester Diana (5) geschrieben. Als ich Jessica erzähle, daß Diana im Buch vorkommen wird, merke ich, daß sie auch gern vorkäme. »Leider warst Du nicht da«, sage ich. Als sie nach Hause geht, denke ich nach. Jessica wäre auch gern im Buch. Warum nicht? Wo ist da das Problem? Ich kann doch tun, was ich will. Und ich kann mit Jessica so spielen, wie wir das wollen. Sie hat einen Wunsch, und ich kann ihn erfüllen. Ich nehme ein Beispiel aus dem Text und schreibe dies hier. Morgen werde ich sie damit überraschen.

Melanie (3) ist mit mir im Kaufladen. Sie streicht um die Regale. Die Verkäuferin erwartet von mir, daß ich sage, was das Kind will. Ich sage nichts, gehe hinter Melanie her und lasse sie tun, was sie tun will. Wir kommen hierhin und dorthin. Ich bin neugierig, was sie sucht. Aber ich frage sie nicht. Ihr Suchen ist ein feines Netz, und meine Fragerei könnte es zerstören. Sie weiß, daß ich da bin, und wenn ihr danach ist, wird sie mich zu Hilfe holen. Dann landen wir am Eingang, bei der Eistruhe. Melanie will ein bestimmtes Eis. Ich verstehe nicht, welches. Aber ich sehe die Auswahltafel, löse sie vom Haken und halte sie ihr hin. Sie zeigt auf das Eis. Ich kaufe es ihr und mir auch eins. Wir setzen uns auf den Bordstein vor dem Geschäft und essen Eis. Ich nehme ihr

Papier und bringe es weg. Sie sieht mir zu. Wir haben keinen Satz miteinander gesprochen, doch wir verstehen uns und wissen um uns.

Stefanie (6) schläft. Ich setze mich neben sie und höre ihr zu. Die anderen sind draußen am Feuer. Ich nehme die Ruhe des Raumes auf und spüre die Ruhe, die von ihr ausgeht. Ich sinne über ihre Tränen nach und über meine. Ich habe mir Zeit genommen, neben diesem schlafenden Kind zu sitzen und die Stille und ihr Leben in mich aufzunehmen.

Wir sind auf dem Spielplatz. Miriam (3) sitzt einen Meter vor mir und sieht vom Sand auf. Sie steht auf. Sie sieht zu mir hin, ich sehe zu ihr. Ihre Augen erzählen davon, wie fern von allen Menschen sie sich verstecken muß. Ich komme nicht näher. Ich schicke ihr ohne Worte eine Botschaft. Zu Hause schreibe ich ein Gedicht darüber.

»Uns fehlen noch 50 Cent.« Doris (13) und Bärbel (13) wollen sich Zigaretten kaufen. Wenn sie erwachsen wären, wäre es kein Problem für mich, ihnen die 50 Cent zu geben. Ab 16 dürfen sie offiziell rauchen – machen drei Jahre den Unterschied? Ich bin froh, daß ich mit ihnen allein bin und gebe ihnen das Geld. Ich erfülle eine Bitte, und dies ist selbstverständlich.
»Können wir die Zigaretten bei Dir lassen? Wenn zu Hause gemerkt wird, daß wir welche haben, kriegen wir Ärger.« Sie vertrauen mir ihre Zigaretten an. Als sie zu Hause sind, sehen mich die Zigaretten auf der Fensterbank an. Mache ich mit, wenn sie sich ihre Gesundheit ruinieren? Sie haben mir etwas anvertraut, und ich habe ihnen geholfen. So, wie ich meinen erwachsenen Freunden auch helfe. Natürlich kennen sie das Raucherrisiko, das ist überhaupt nicht das Problem. Es geht um ihre eigene Lebensführung, und da unterstütze ich sie. Das Gerede von »gesundheitsgefährlich« mit dem Ton »aber ihr müßtet doch ...« mißachtet ihre Würde.

»Spendierst Du uns eine Schachtel Zigaretten?« Sie haben Lungenschmacht. Aber ich habe keine Lust, ihr Rauchen so massiv zu fördern. Eine ganze Packung – da mache ich nicht mit. Ist das anders, als wenn ich ihnen das fehlende Geld für eine Packung gebe oder ihre Zigaretten bei mir zu Hause aufbewahre? Mein Gefühl signalisiert mir einen Unterschied, auf den ich mich verlasse. 50 Cent zuschießen ist eine freundschaftliche Geste, Zigaretten aufheben ist Vertrauenssache. Eine ganze Packung kaufen ist mir zu viel. Ich finde meine Grenze willkürlich, aber ich akzeptiere mein Gefühl. Und sie verstehen mich.

Ich repariere an meinem Auto rum. Yvonne (7) und Karina (7) aus der Nachbarschaft kommen und helfen, Rost abzuschmirgeln. Es ist schönes Wetter. »Wenn ihr wollt, fahren wir ein bißchen raus«, schlage ich vor. Sie freuen sich, und ruckzuck fahren wir los. Wir fahren zum Kanal und sehen den Schiffen zu. Ringsum sind Wiesen. Es ist warm und wunderschön. Sie erzählen von wichtigen Dingen, und ich habe Zeit zum Zuhören. Sie werfen Steine ins Wasser, sammeln Blumen, malen Bilder in den Sand. Wir haben uns getroffen und sind losgefahren.

Heike (4) kommt zu mir auf den kleinen Berg, der von den Bauarbeiten noch da ist. Ich sitze dort in den Blumen und spiele Mundharmonika vor mich hin. Es ist Fete, Freunde haben mich eingeladen. Als es mir mal zuviel wird und ich einen Moment Ruhe brauche, gehe ich eben ein Stück abseits auf den Erdhügel. Ich freue mich über Heikes Besuch. Sie setzt sich einfach neben mich und hört zu. Dann kramt sie im Sand. Ich mache sie auf Scherben aufmerksam und merke, daß sie es nicht als Verbot auffaßt. Später, als ich wieder bei den Erwachsenen bin, soll ich mal mitkommen. Aufs Feld. Sie zeigt mir einen Tümpel. Auf dem Rückweg frage ich sie, ob sie mich führt, wenn ich die Augen zumache. Sie versteht und tut es. Ich spüre, wie ich ihr Schritt für Schritt mehr vertraue. Als mir einmal ein Ast durchs Gesicht streift, fällt mir ein, daß sie ja so viel kleiner ist als ich. »Sieh mal ab und zu nach oben, damit ich mit dem Kopf nicht irgendwo anstoße«, sage ich. Als ich nach Hause muß, schenke ich ihr die Mundharmonika.

Claudia (12) liebt Pferde. »Ich will dort zu den Pferden.« »Aber nicht über den Zaun.« Wenn sie so einfach in die Koppel geht, das könnte gefährlich werden, denke ich. Am Zaun gibt es Krach. Sie will rüber, ich habe Angst. »Mir wäre lieber, wenn Du nicht rübergehst.« Beginne ich, Claudia zu beherrschen? Ich merke, daß ich damit anfange. Mir fällt etwas ein: Ich kann ja weggehen und muß nicht dabei sein, wenn sie über den Zaun klettert. Sie weiß, wie ich darüber denke, und die anderen, die dabei sind, können es bestätigen, wenn etwas passiert. Ich mauschel mich irgendwie aus der Affäre, aber ich habe Machtkämpfe satt. Und ich überlege mir, daß ich mich beim nächsten Mal nicht mehr so anstellen werde. Claudia kommt dann rasch nach, wir kommen ins Gespräch über Pferde. Ich erfahre, daß sie Turniere reitet. Na bitte – wieso muß ich immer Angst haben?

Claudia (12) muß heute auf einen Hund aufpassen. Wir fahren zu meiner Wohnung, und ich sage: »Der Hund bleibt im Auto. Er ist mir zu schmutzig, und ich habe keine Lust, nachher extra sauber zu machen.« Er starrt wirklich vor Dreck! Nach einer Weile schleppt Claudia den Hund in die Wohnung. Ich bin sauer und fühle mich nicht akzeptiert. »Ach, der tut doch nichts«, sagen die anderen. Sie verstehen nicht, wieso ich gegen den Hund bin. Aber sie bekommen mit, daß ich nicht will. Sie reden auf Claudia ein, den Hund wieder rauszubringen. Aber sie will nicht. Ich ärgere mich. Erst als wir wieder zurückfahren, nach zwei Stunden, werde ich gelassener. Sie hat eben gewonnen, sage ich mir. Das kommt vor. Ich kann die Niederlage jetzt annehmen und habe zu Claudia wieder gute Gefühle. Und ich denke listig, daß wir nicht wieder zu meiner Wohnung fahren, wenn »so ein süßer Hund« dabei ist.

Claudia (12) hat wieder den Hund dabei. »Der kommt nicht in die Wohnung.« Das steht fest. »Wir können ja auch woanders hinfahren«, biete ich an. »Ist gut, er kann im Auto bleiben.« Claudia ist einverstanden. Dann aber, in meiner Wohnung: »Der ist doch so allein im Auto.« Daß sie mit ihm im Auto bleiben kann oder daß wir alle woanders hinfahren, will sie nicht. »Laß ihn doch rein.« Als ich dann mal nicht aufpasse, ist der Hund da. Ich kommandiere ihn auf den Balkon und lasse mich auf nichts ein. Claudia ist wütend. Sie geht mit auf den Balkon. Sie redet nicht mehr mit mir. Ich habe blöde Gefühle, aber auch keine Lust, mich schon wieder unterbuttern zu lassen. »Claudi friert«, sagen die anderen. Sie sind auf ihrer Seite. Bin ich zu kleinkariert? Ich will eben nicht. Wir hatten schließlich ein Abkommen, und wir hätten ja auch woanders hinfahren können. »Dann bringt ihr doch eine Jacke«, reagiere ich. Auf der Rückfahrt sagt mir Claudia, wie gemein ich bin. Ich lasse ihr ihre Meinung und denke nicht daran, sie »umzustimmen«. »Ich hatte keine Lust auf den Hund in meiner Wohnung« ist alles, was ich sage. Und: »Letztes Mal hast Du gewonnen, heute Hubertus. Ihr könnt euch wieder vertragen«, sagt Moni (11). »Besser, du bringst den Hund nicht mehr mit«, sagt Jürgen (13). Beim nächsten Treffen verstehen wir uns wieder. Über die Hundegeschichte wird nicht mehr geredet.

Es ist 23 Uhr. Antje (13) kommt zu spät nach Hause. Alle Kinder wissen, daß ich es ihnen überlasse, das Signal für »Ich muß nach Hause« zu geben. Ich soll mir jetzt etwas ausdenken, damit ihre Mutter nicht schimpft. Das finde ich überhaupt nicht gut. Ich unterstütze sie ja – aber so direkt lügen (»Wir hatten eine Autopanne ...«) fällt mir schwer. Außerdem mag ich Antjes Mutter. Dann hab ich es: »Ich gehe mit zur

Tür und werde ein bißchen mit Deiner Mutter reden.« Ich mache ein Ablenkungsmanöver – aber es ist nicht nur Manöver, denn ich komme ganz gern mit.

Britta (7) und Elke (10) sind sauer auf mich. Weil ich Sandra (9) mal vorn im Auto sitzen lasse. Wir sind abseits der Straße, auf einem Feldweg. Die beiden steigen aus. Es fängt an zu regnen, ein Aprilschauer. »Kommt in den Wagen!« rufe ich. Sie gehen den Weg weiter. Ich denke, daß sie sich erkälten werden, und fahre mit dem Auto langsam hinter ihnen her. Sie merken es und fangen an zu rennen. Blödes Spiel! Ich will doch keine Verfolgungsjagd machen. Ich bleibe stehen und lasse sie laufen. Als sie gerade noch zu erkennen sind, fahre ich wieder los. Ich bewundere, daß sie so einfach weglaufen, sie wissen doch überhaupt nicht, wo wir sind. Auf ihrer Höhe angekommen, ruft Sandra, daß jetzt Elke wieder vorn sitzen kann. Sie möchte, daß die beiden wieder mitmachen. Ich hätte nicht gewußt, wie ich das hinkriegen sollte, daß sie wieder einsteigen. Außer warten – Zeit hatte ich. So aber regeln sie das unter sich. Und dann helfe ich wieder: »Wir fahren zu mir nach Hause, da lassen wir eure Sachen trocknen«, schlage ich vor. Das ist ihnen eigentlich egal, aber da es mir wichtig ist, machen sie mit.

Ich möchte zu Sechsjährigen Kontakt bekommen und eine neue Gruppe bilden. Ich frage Susi (13), ob sie nicht jemanden kennt. Es geht um ein paar Ecken: Susi kennt Elke, die ist 10. Und Elkes Freundin Martina (10) hat eine Schwester, Claudy, die ist sieben. Nach ein paar Minuten sind wir bei Martina. Sie sagt, daß Claudy im Jugendzentrum ist. Sie gehen mit mir dorthin und zeigen sie mir: »Da hinten sitzt sie.« Sie ziehen wieder ab. Claudy spielt mit zwei anderen Kindern und zwei Erwachsenen ein Würfelspiel. »Hallo Claudy«, sage ich, »ich habe gerade mit Martina gesprochen.« Ich beginne, ihr zu erzählen, was ich will. »Wo ist Martina?«

fragt sie. Wir gehen sie suchen. Die beiden Mütter am Tisch, mit denen ich kein Wort gesprochen habe, sehen mich entgeistert an. Da kommt einer und nimmt ein Kind mit ...

Es ist Zeit zum Zurückfahren. Claudy (7) will nicht ins Auto einsteigen. Sie ist das zweite Mal in der Gruppe dabei. »Hör mal, ich muß noch andere Kinder besuchen«, sage ich. Die anderen steigen wieder aus und sehen sich an, was los ist. Claudy will nicht. Was tun? Da ich wirklich unter Zeitdruck bin, fahre ich schweres Geschütz auf: »Wenn Du nicht einsteigst, habe ich keine Lust, daß Du in der Gruppe mitmachst. Wenn es drauf ankommt, will ich mich von euch nicht im Stich gelassen fühlen. Und ich habe versprochen, um sechs Uhr bei anderen Kindern zu sein.« Die anderen reden auf sie ein. Aber Claudy will nicht. O.k., ich sehe ein, daß ich verloren habe und gehe wieder in meine Wohnung. Natürlich zwinge ich sie nicht mit Anfassen oder Anschreien. Stehen lassen kann ich sie auch nicht, wie sollte sie nach Hause kommen? Wenn sie älter wäre, würde ich ihr zwei Euro geben, die Bushaltestelle erklären und bei ihr zu Hause anrufen. So aber hat sie mich. Ich bin nicht einmal wütend. Sie hat eben gewonnen, aus. Aber ich weiß auch, daß ich keine Lust habe, mit so jemandem etwas zu unternehmen. Ich fühle mich nicht geachtet. Ich merke, daß wir nicht Freundschaft schließen werden. Es tut weh – aber das gibt es eben auch. Nach einer halben Stunde kommen die anderen und sagen, daß Claudy jetzt nach Hause will. »Kann sie das nächste Mal wieder mitmachen?« fragen die anderen. »Nein«, sage ich.

Beate (12), Petra (13) und Belinda (14) sind zu Besuch. Wir verlängern um eine Stunde, um noch eine. Dann taucht die Idee auf, ins Kino zu gehen. Prima Idee – ich werde sie einladen. »Das darf ich bestimmt nicht. Es wird zu spät«, sagt Beate. Ich steige in die Erwachsenenwelt um und rufe ihre Mutter an. Ich erzähle ihr, wie schön es heute Nachmittag ist und daß ich die Kinder ins Kino einladen möchte. »Um halb elf ist Beate zu Hause.« Da morgen Sonntag ist und ich mich mächtig ins Zeug gelegt habe, ist ihre Mutter einverstanden.

Tanja (3) wohnt mit im Haus. Wir sehen uns gelegentlich. Heute ist sie nach oben gekommen und hat geklingelt. Ich mache auf. Sie hat einen Ball mitgebracht. Ich knie mich hin und sehe sie durch die Wohnungstür draußen im Treppenflur. Wir sehen uns an. »Hallo«, sage ich. Sie lacht. Sie kommt auf mich zu, bis zur Tür, und gibt mir den Ball. Ich rolle ihn ihr zu. Sie freut sich riesig, und wir spielen eine Viertelstunde. Dann wird sie gerufen und geht zurück.

Alexandra (9) ist zu Besuch. Im Keller kramen wir in alten Spielsachen. Sie entdeckt einen kleinen Springball. Als sie abgeholt wird, merke ich, daß sie den Flummi noch hat. Gute Idee, denke ich, er macht ihr Freude, und im Keller liegt er nur rum. Dann wird Alexandra nach dem Ball gefragt. Bevor ich sagen kann, daß ich ihn ihr geschenkt habe, sagt ihre Mutter: »Hast Du den Ball abgegeben?« Ich sehe sie an und weiß, daß es jetzt für sie unmöglich ist, den Ball noch als ihren Ball anzunehmen. Sie gibt ihn ab, und ich sage nichts weiter dazu. Als sich unsere Blicke treffen, wissen wir beide Bescheid.

Ich bin im Zug. Ich streife umher und sehe mir die Leute an. Als ich zum dritten Mal an einem Abteil mit zwei Kindern vorbeikomme, kommen wir ins Gespräch. Joan (7) und Lisa (7) erzählen von sich, sie kommen zu mir auf den Gang. Sie sind schon länger im Zug und zeigen mir die Wagen, die sie sich angesehen haben. Das macht viel Spaß und ist ein schönes Spiel. Als Lisa dann wie ich aussteigen muß, und Joan im Zug bleibt, rede ich noch durchs Fenster mit Joan. Lisa merkt, daß ich mit ihr englisch rede. »Woher kennst du Joan?« fragt sie. »Ich kenne sie nicht so lange wie Du, ich habe sie eben erst zusammen mit Dir kennen gelernt.«

2. Baggersee

Wir sind am Baggersee. Britta, Elke, Holger, Oliver, Sandra – zwischen 7 und 10 Jahre alt – und ich. Wir haben ein Feuerchen gemacht und rösten Kartoffeln. Um das Feuer auszumachen, holen wir Wasser aus dem See.

Das Wasser interessiert sie. Erst geht Oliver mit seinen Gummistiefeln am Ufer lang. »Paß auf, daß Dir kein Wasser reinschwappt!« Ich habe Angst, er könnte sich erkälten – meine Erwachsenenangst. Dann will auch Elke im Wasser laufen. »Kann ich Deine Gummistiefel haben?« Sie sind im Auto. Ich habe Bedenken: sie läßt Wasser reinlaufen, sie bekommt nasse Füße, die anderen wollen auch. Aber o.k., ich gebe sie ihr. Was ist mir wichtiger: meine Gummistiefel, die ich ja zu Hause wieder trocknen kann, oder Elkes Wunsch?

Elke geht dorthin, wo es für meine Stiefel zu tief ist. Sie setzt sich über mein »Kein Wasser in die Stiefel« hinweg. Ich akzeptiere: Wenn es ihr Spaß macht, sie ist mir wichtiger. Das ist ein Signal. Auch Oliver läßt seine Stiefel vollaufen. Mein Ärger, daß dies nun doch passiert, hält sich die Waage mit meiner Freude über den Spaß, den sie dabei haben.

Jetzt hält es auch die anderen nicht mehr. Britta und Holger gehen zum Wasser. »Zieht doch eure Schuhe aus« – nichts da. Patsch, sind sie mit ihren Schuhen drin. Ich höre in mir: »Kinder sollten sich nicht die Schuhe naß machen. Was werden ihre Eltern sagen? Sie bekommen garantiert eine Erkältung.« Und: »Wie sie sich freuen!«

Sandra bleibt bei mir. Ich nehme dies auf: Wenn ich jetzt mit Sandra ein Stück in Richtung Auto gehe, kommen die anderen aus dem Wasser. Erwachsenenangst, nicht mehr Herr der Situation zu sein. Meine unwohlen Gefühle wachsen. »Wir müssen nach Hause.« Vorgeschobener Grund. »Ich habe

Angst, daß ihr euch erkältet.« Schon ehrlicher. Daß mir am meisten Sorgen macht, von ihren Eltern Ärger zu bekommen, sage ich nicht. »Wieso – wir erkälten uns nicht.« Ich spüre ihre Gelassenheit und mein blödes, ach so erfahrenes Erwachsenengehabe.

Dann geht Elke einfach tiefer ins Wasser. Mit allen Sachen! Schon ist sie bis zum Bauch eingetaucht. Das darf doch nicht wahr sein! Und: Wie sie sich freut, das muß ja unheimlich Spaß machen. Oliver folgt, Holger schreit vor Vergnügen. Britta taucht plötzlich bis zum Hals ein. Jetzt geht auch Sandra zum See. Dann sind alle dabei, auf- und abzutauchen. Es kommen andere Bedenken: Sie könnten sich verschlucken, sie könnten in zu tiefe Zonen kommen, ich verliere den Überblick, es wird gefährlich, ich sollte jetzt auch ins Wasser gehen, um sofort eingreifen zu können. Und es kommen andere Gefühle: Sie sind so souverän, sie reizen die Situation aus, sie werfen diese behindernden Erwachsenenregeln über Bord – »man geht nicht mit Anziehsachen ins Wasser«, »man geht überhaupt nicht in ein Baggerloch«, »man muß wenigstens ein Abtrockentuch dabei haben«. Sie leben *jetzt* – und wie!

Elke schwimmt. »Ich kann nicht mehr stehen.« Holger setzt sich, nur sein Kopf ist noch zu sehen, Britta schmeißt ihre Schuhe an Land, Sandra marschiert drauflos, Oliver taucht, »Hallo, ich ertrinke«.

Ich bin jetzt jenseits aller Erwachsenenregeln und Erwachsenenbedenken. Ich bin eingespannt in die Situation, wie sie von den Kindern gelebt wird. Ich bin fasziniert. Und hellwach und aufmerksam, um sofort helfen zu können, falls das nötig werden sollte. Ich bin voll von ihrem Vergnügen und ihrer Sicherheit. *Ich bin wieder im Vertrauen zu ihnen und zu mir*, wie vor Beginn der Wasserszene. Ich sitze am Ufer und genieße – mich, sie und das Leben. Es ist fantastisch und befreiend.

»Komm doch auch.« »Nee, ich habe keine Lust.« »Na gut, aber wir.«

Dann kommt Sandra ans Ufer. »Mir ist kalt.« Dann Oliver. »Leute, ich habe jetzt Angst, daß es zu kalt wird. Kommt raus, ich hole etwas zum Abtrocknen aus dem Auto.« Ich spiele mit, ich plane mit. Ich manage und weiß, wie man jetzt wieder warm wird. Ich bin ihr Freund und stehe auf ihrer Seite, ich stehe ihnen zur Seite. Sie kommen nach und nach. Die Abtrockensachen – Pullover, die im Auto sind – reichen gerade. »Wer trocken ist, rein ins Auto. Laßt die nassen Sachen liegen und wickelt euch in die Autodecken.« In mir ist Gewißheit, wir bekommen das hin. Wenn sie sich ausziehen und einwickeln, kann es keine Erkältung geben.

Das Abtrocknen ist ein Riesenspaß. Ich packe ihre Sachen zu »Familienhaufen« zusammen, damit es nachher beim Aussteigen schneller geht. Dann ist es soweit, wir fahren ab. Heizung volle Kraft, die Scheiben beschlagen, der Wagen voller Leben, Spaß, Vertrautheit, Abenteuer und Glück.

3. Spaziergang

Charlotte (2) fällt hin und hat sich die Haut aufgeschürft. Sie blutet ein wenig und sie weint.

Was kann ich jemandem Gutes tun, der leidet? Soll ich Charlotte auf den Arm nehmen? Soll ich es wegreden? »Ist doch nicht so schlimm« oder »Zeig mal« oder »Das hätte aber auch schlimmer ausgehen können« oder »Tut es sehr weh?« Begrüße ich den Schmerz des Kindes mit der gebotenen Höflichkeit? Lehne ich ihn ab? Sehe ich nur Komplikationen? Ist die Ruhe des Spaziergangs dahin? Wie geht es mir? Bin ich verärgert? Bin ich hilflos? »Auch das noch« oder »Wieso denn?« oder »Ausgerechnet jetzt«.

Reagiere ich gelassen? Sollte ich gelassen reagieren? Ist Gelassenheit nicht zu kalt und unpersönlich? Kann ich persönlich und gelassen sein? Wenn ich erschrecke, macht ihr das noch mehr Angst. Wenn ich Trostformeln sage wie »Heile, heile Gänschen« – was tue ich dann? Ist so etwas ein guter Zauber für kleine Kinder? Was will ich erreichen? Soll Charlotte wieder lachen? Soll sie den Schmerz verlieren, vergessen? Was habe ich gegen Schmerz? Was ist eigentlich überhaupt gegen Schmerz zu sagen? Aber wie kann man nur so etwas fragen! Gehört Schmerz nicht zum Leben dazu?

Also: Charlotte fällt hin, und es tut ihr weh. Ich bin dabei. Ich helfe ihr auf. Ich tupfe das Blut ab. Ich sehe sie an. Ich nehme sie auf den Arm. Worte? Wozu? Welche Worte?

Wie kann ich jemandem beistehen, der in Not ist? Andersherum: Wie will ich, daß mir beigestanden wird, wenn ich in Not bin? Ich falle hin, die Haut ist aufgeschürft, ich blute. Du bist dabei. Du hilfst mir auf und gibst mit ein Taschentuch, um das Blut abzutupfen. Was wünsche ich, daß Du sagst? Was solltest Du tun, damit es mich tröstet?

Was wollen wir für Hilfe, was wollen wir für Trost? Was will ich, was willst Du? Wer sind wir, wenn wir Trost brauchen? Sollte man das wissen? Will ich wissen, wer ich bin, wenn ich Trost und Hilfe brauche? Ich habe Not und Schmerz, und Du bist dabei. Und ich wünsche mir jetzt von Dir: ...

Von Dir. Wer aber bist Du? Freund? Feind? Es hängt davon ab, wer Du bist, wer Du in meinem Leben bist. Wie unsere Beziehung ist. Wem ich mich anvertrauen kann, zeigen kann, in mein Herz sehen lassen kann, in meine Not und in meinen Schmerz. Wen hätte ich gern dabei, wenn ich gleich hinfallen werde? Wen wünsche ich um mich herum? In guten wie in schlechten Zeiten?

Charlotte fällt hin, ich bin dabei. Hat sie mich ausgesucht? Man muß nehmen, was da ist, und jetzt bin ich da. Und es wird etwas geschehen, mit uns. Sie erlebt ihren Schmerz in meiner Gegenwart, ich erlebe ihren Schmerz in meiner Gegenwart. Meine Antwort kommt aus mir und meiner Beziehung zu ihr, aus unserer beider Realität.

Also: Charlotte fällt hin, und ich bin dabei. Sie ist 2 Jahre alt, wir kennen uns ein wenig, ich habe mich über diesen jungen Menschen vor mir eine halbe Stunde lang gefreut, auf unserem Spaziergang, ich habe ihre Souveränität und Lebendigkeit, ihre Selbstverständlichkeit und ihre Sanftheit wahrgenommen und aufgenommen. Ich habe ihr ohne Worte gesagt, daß mir ihre Gegenwart gut tut. Und ich habe von ihr ohne Worte gehört, daß es für sie in Ordnung ist, wenn ich auf dem Spaziergang mit dabei bin. Ich bin dabei, und ich bin einbezogen.

Also antworte ich auf ihren Schmerz: »Willst Du noch einen Keks?« Und ich sage mit dem Herzen: »Das Leben geht weiter, auch mit blutender Haut. Wo waren wir eben? Wir haben Kekse auf dem Spaziergang gegessen. Ein Keks ist eine feine Sache. Er schmeckt. Schmerz schmeckt nicht. Aber kommt vor. Wenn man hinfällt. Es tut dann weh. Wer hat das gerne? Willst du noch einen Keks? Man kann dem Schmerz nicht immer ausweichen, aber natürlich geht er auch wieder.« Und ich nehme sie auf den Arm, trage sie ein Stück, frage: »O.k.?« Sie nickt. Ich setze sie ab und gebe sie dem bunten Leben zurück.

Und ich? Auch ich gebe mich dem bunten Leben zurück, nach diesem Moment des Anhaltens. Und ich rede mit dem nächsten Stein, über den sie stolpern könnte, und mit der nächsten Distel, die sie stechen könnte, um sie ein wenig abzulenken, diese Hindernisse auf Charlottes Wegen im Paradies.

4. Radtour

Ich will mit den Kindern eine Radtour machen, mit Xenia (7), Felix (9) und Lisa (7). Xenia und Felix wollen mit, doch Lisa will lieber zu Hause bleiben. Aber nicht allein. »Was willst Du? Mitkommen oder dableiben?« Mir ist nicht wohl dabei. Wer ohne Lust eine Radtour macht, wird es nicht lange aushalten, und die anderen sind dann genervt. Das ist jedenfalls meine Befürchtung. Lisa kommt mit. Aber sie hängt nach und freut sich weder an den Kühen noch an den Fohlen. Sie zockelt hinterher. Die Fröhlichkeit von uns drei anderen nimmt nach und nach ab. Ihretwegen. Es ist nicht so, daß wir sie verurteilen. Nur: Wie sollen wir fröhlich sein, wenn einer betrübt ist? Beim nächsten Berg ist es dann soweit: Lisa kommt nicht. Wir halten an und warten, dann kommt sie.

Jetzt führt kein Weg mehr daran vorbei, ich will Klarheit haben. Wir reden. Noch mal: Daß sie eben keine Lust auf die Radtour hat. Aber wir. Daß sie lieber zu Hause spielen will, aber nicht allein. Aber wir wollen ihretwegen nicht auf die Tour verzichten. Auf mein »Was willst Du denn jetzt? Nach Hause, und zwar allein, oder mitfahren?« kommt nichts genaues. Klar ist: Sie will nach Hause, und zwar mit uns. Aber wir wollen fahren, mit ihr oder ohne sie.

Was tun? Weiterfahren mit Lisa? Noch zwei Stunden das aushalten? Abbrechen und nach Hause fahren? Xenia und Felix sind gelassen: »Dann fahren wir eben zurück.« Sehr zufrieden sehen sie dabei aber nicht aus. Also: Was will ich – was will ich wirklich? Mit den Kindern schöne Zeit verbringen. Geht das so? Nein. Denn eins der Kinder will es so nicht. Meine Radtour ist also gemessen an dem, was ich will (mit den Kindern schöne Zeit verbringen) unrealistisch. Bamm. Da liegt er, der Baumstamm über dem Weg. Ich komme nicht rüber, weiß keinen Weg.

Also? Also keine Radtour. Schwer, aber es kommt, ich halte mich an und erkenne die Realität: So geht es nicht. Ärgerlich, aber wahr. Und deswegen schon etwas weniger ärgerlich.

»Ja, wenn Du absolut nicht willst ...« Ich sage das wirklich ohne Druck, doch wollen zu sollen. Aber ich sage auch und beschönige da nichts, daß ich lieber weiterfahren würde. Nur, daß es uns ja auch keinen Spaß macht, wenn einer dabei ist, der keine Lust hat. Aber daß ich auch nicht richtig sauer bin. Nur nicht gerade erfreut. In mir schwingt keine Schuldzuweisung, aber auch kein Verniedlichen. Diese Psychologie ist fein, sie liegt haarscharf neben dem »Du bist schuld«. Wir sagen uns von Souverän zu Souverän, was zu sagen ist. Ohne Oben-Unten. Ohne Anspruchsdenken. Von Person zu Person. Lisa und Hubertus, Hubertus und Lisa.

Wir stehen da und haben unser Dilemma. Energie, Kräfte, Gefühle, Sonne, Wind, Streß, Leidtun, Blumen, Warten. Ich spüre, daß ich mein Rad umdrehen werde. Xenia und Felix drehen ihre Räder bereits um. Stillstand, Ohnmacht, keine Idee mehr, und: die neue Richtung beginnt, der Stillstand ist überwunden. »Ja, dann ...« Wie können wir uns freuen, wenn einer unglücklich ist? »Also los, nach Hause.« So ist das Leben! Angenommen. O.k.

»Ich glaube, ich schaffe es doch.« »Waas?« »Ich komme mit.« Na dann! So ist das Leben! Luftholen, durchatmen, kein Kommentar. Auf geht's. Lisa summt vor sich hin und fährt den Berg rauf, ich schiebe. Die restlichen zwei Stunden ist sie gut drauf, und wir anderen auch.

5. Uferböschung

Wir sitzen auf einer Wiese, nahe am Rand eines kleinen Flusses: Melanie (3), ihre Mutter Kerstin, zwei Freundinnen von Kerstin und ich. Kerstin dringt auf Melanie ein, nicht zum Fluß zu gehen. Es ist eine senkrechte Uferböschung, etwa drei Meter unter uns der Fluß. Melanie soll lernen, daß es gefährlich ist, so nahe an den steilen Abhang zu gehen. Neben der Angst, die von Kerstin ausgeht, kommt auch der deutlich spürbare erzieherische Anspruch: »Ich weiß, ab wann es für Dich gefährlich ist. Du kannst noch nicht selbst entscheiden, wie weit Du vorgehen darfst. Ich bin für Dich verantwortlich. Ich weiß es besser als Du.«

Ich beginne zu überlegen. Wieder einmal mache ich mir klar, daß die Kinder auf die erzieherischen Erwachsenen in ganz bestimmter Weise reagieren: Sie spüren, daß ihr »Ich kann gut für mich selbst entscheiden, ich bin für mich selbst verantwortlich« nicht akzeptiert ist, und sie befinden sich dann in Auseinandersetzung mit diesem Übergriff. Ich merke, daß Melanies Konzentration vom unverstellten Die-Welt-Begreifen wegorientiert ist, hin auf Kerstin und ihre erzieherische Botschaft. Es ist, als ob zwischen Melanie und der Welt Nebel aufzieht. »Ihre Fähigkeit, die Wirklichkeit ungebrochen wahrzunehmen, ist gestört«, denke ich. Und der Friede des Sommertags ist dahin.

Ich kenne Melanie aus meinem Forschungsprojekt. Unsere Beziehung ist frei von erzieherischen Ansprüchen und voller Nähe, Wärme, Angebot und dem Wissen um unsere Grenzen. Ich sehe ihr Gesicht und ich weiß, daß sie jetzt um ihre Identität kämpft. *Sie* will *allein* entscheiden, wie weit sie vorgehen kann. Melanie ist verstrickt in die Abwehr gegen Kerstin. Was sie tut – ein Stück zur Böschung gehen, Gras abrupfen, vor sich hinsehen – ist durchdrungen von dem Eingeflochtensein in das, was von Kerstin ausgeht: Dem Anspruch, besser zu wissen als sie selbst, was das Richtige für sie ist.

Ich schweige und beobachte. Es ist nicht meine Aufgabe, einem erzieherischen Erwachsenen die Erziehung auszutreiben. Kerstin ist auf einem Weg, den ich nicht gehe – das ist alles. Und ich biete mich – wortlos, ohne Aktion – Melanie an, falls sie nach mir suchen sollte. Melanie beginnt, mit mir zu spielen. Die Böschungsfrage ist ungelöst. Kerstin vertraut mir jetzt ihre Tochter an und wendet sich ihren Freundinnen zu. Ich komme mit Melanie näher zur Böschung. In mir ist keine Angst und kein Anspruch, stellvertretend für dieses selbstverantwortliche Geschöpf des Universums die Entscheidungen »zu deinem Besten« treffen zu müssen. Ich traue ihr zu, die Böschungsfrage selbst richtig zu entscheiden. Und ich weiß auch, daß ich mich in einem Unglücksfall auf mich verlassen kann, und daß sie nicht zu Schaden kommt. Melanie und ich: Wir beide können uns frei von erzieherischem Nebel auf die Situation und aufeinander einlassen.

Und dann erlebe ich, wie sich ein junger Mensch von drei Jahren mit dem Fluß, den Strudeln, der Gefahr, dem Risiko, dem Steinwerfen, den Blumen, der Sonne, dem Wind beschäftigt. Wie sie lebt, lacht, ängstlich ist, mutig ist, stolz ist, sich erkundet und die Welt begreift.

Wir sind in einer vertrauten, sehr nahen Beziehung, und es ist etwas von Achtung, Geheimnis und Andacht zwischen uns. Obwohl sie nichts direkt mit mir tut und ich ihr nur gelegentlich Grasbatzen locker mache zum Hineinwerfen, erleben wir dabei auch uns. Die anderen sind vergessen, und wir begegnen uns als gleichwertige und freie Menschen in einer tiefen emotionalen Dimension: So, wie sie sich vertraut, kann ich mir und ihr vertrauen. Ihr Selbstvertrauen, dem ich mich jenseits jeden erzieherischen Ballasts aufgeschlossen habe, erreicht mich ungehindert und bestätigt das tief in mir lebende Gefühl aus meiner eigenen Kindheit, daß jeder von uns ein König ist – ein Ebenbild Gottes. Ich spüre ihre Kraft und ihre Stärke – so, wie ich mir in ihrer Gegenwart selbst sicher bin.

V   Am Anfang

1. Der Angst begegnen

Wenn man sich aufmacht, eine neue Lebensart zu erobern, melden sich die alten Normen und Verhaltensweisen mächtig zu Wort. »Ich habe aber die Verantwortung für die Kinder!« Ein solcher Gedanke wird nie gänzlich gehen und immer wieder eine überzeugende Antwort verlangen. Doch wer erziehungsfrei leben will, muß sich nicht unablässig mit der Erziehungsverantwortung oder sonstigen Fragen aus dem Erziehungsdenken auseinandersetzen. Denn der Entschluß, mit den Kindern jenseits der Erziehung zusammensein zu wollen, hat ein tieferes Fundament als intellektuelle Argumente. Er gründet sich auf eine ganz persönliche Entscheidung, die aus dem Gefühl kommt: »Ich finde es unwürdig, meine Kinder zu erziehen. Und es ist mir zuwider, sie zu Menschen zu machen. Mir gibt es viel mehr, wenn ich mich auf ihre Souveränität einlasse.«

Wenn mir jemand vorhält, Kindern die uneingeschränkte Selbstverantwortung zu übergeben sei unakzeptabel, kann ich sagen, daß ich sie ihnen nicht gebe, sondern daß sie diese immer schon haben – daß ich sie ihnen nur nicht abspreche und wegnehme, wie das die pädagogische Tradition von mir verlangt. Ich *kann* mich auf Argumente einlassen, und dieses Buch ist ja auch voll davon. Aber ich kann auch ganz anders reagieren: »Haben Sie Angst, daß den Kindern dann Leid geschieht?« Ich kann mich der Wurzel der Argumentation zuwenden, der Angst.

Zu der Angst, daß die Kinder zu Schaden kommen könnten, kommt die Sorge hinzu, daß man uns Vorwürfe macht, daß wir nur auf Ablehnung stoßen, daß man uns nicht mehr ernst nimmt. Es ist die Angst vor Isolierung und Ächtung.

Es ist die Angst, die entsteht, wenn man mit anerkannten Regeln bricht und eigene Wege gehen will. »Es wird Schreckliches passieren«, »Du darfst das nicht«, »Du benimmst Dich unmöglich«. Es sind Ängste, die wir schon als Kinder vor den Erwachsenen hatten. Hiergegen habe ich immer meine Entschlossenheit, mein avantgardistisches Bewußtsein und auch meinen Stolz gesetzt, und dies hat mir gut getan.

Dann ist da die Ungewißheit über den neuen Weg. Man weiß nicht, was kommen wird. Wenn auch immer mehr Menschen ein erziehungsfreies Miteinander beginnen, so steht hinter diesem Aufbruch doch nicht die Erfahrung von unzähligen Generationen wie bei der erzieherischen Beziehung. Es ist Neuland. Es existieren zwar große erziehungsfreie Traditionen, zum Beispiel bei indianischen Völkern, aber sie sind hier nicht bekannt.

Es gibt keine Erfolgsgarantie – aber darum geht es auch nicht. Es gilt anderes: »Ich habe mich entschieden, erziehungsfrei mit den Kindern zu leben – es ist eine *für mich* wichtige Entscheidung. *Ich will diesen neuen Weg gehen* – und keinen anderen. Es ist meine Entscheidung und auch mein Risiko.«

In der erziehungsfreien Beziehung finde ich Elemente von unschätzbarem Wert – Elemente, die es in der alten pädagogischen Beziehung nicht geben konnte: ein grundlegendes neuartiges Vertrauen, missionsfreie Achtung, Selbstverantwortung, Selbstliebe und Sozialität von Anfang an, Gleichwertigkeit für Erwachsene und Kinder. Die Menschen, die erziehungsfrei leben wollen, setzen darauf, daß *diese* Basis tragfähiger und hilfreicher ist als das »Ich weiß besser als Du, was für Dich gut ist« und als das »Du mußt erst noch zu einem vollwertigen Menschen erzogen werden«. Für sie gilt: »Die erziehungsfreie Beziehung ist für uns und die Kinder richtig und schön. Heute. Und wir werden sehen, wie es sich in der Zukunft auswirkt.«

2004 ...

Meine Kinder sind erwachsen. Die erziehungsfreie Beziehung, in der sie groß wurden und mit der ich älter geworden bin, hat noch mehr gehalten, als ich damals glaubte. Unsere Zeit glich einem wunderbaren Traum, er dauert an in all seiner Realität. Und die erziehungsfreie Beziehung ist erneut die Basis für meine zwei kleinen Kinder, die vor zwei und vier Jahren geboren wurden. Sie werden ebenso in diesem verläßlichen Kontinuum groß wie ihre erwachsenen Geschwister und deren Kinder.

Als mein Sohn mich einmal zu einem Vortrag über die erziehungsfreie Beziehung begleitete, wurde er gefragt, was wäre, wenn sich herausstellte, daß die neue Beziehung nicht gut sei. Er antwortete: »Wenn die erziehungsfreie Beziehung sich als Irrtum herausstellen sollte, dann war sie ein wunderschöner Irrtum, den ich nicht missen möchte.«

2. Hilfreiche Erinnerung

Wenn es mir heute möglich ist, mit meinen Kindern erziehungsfrei zusammenzusein, dann knüpfe ich an meine eigenen Kindheitserfahrungen an. Als Kind erfuhr ich täglich wie alle anderen Kinder auch, daß man von gleicher Basis aus miteinander umgeht: mit den Geschwistern, Freunden und Spielkameraden. *Ich konnte also schon einmal lange Zeit gleichwertige Beziehungen zu Kindern realisieren!* Das Gleichwertigkeitsgefühl von damals hat mich nicht verlassen, ich habe es nicht vergessen und nicht verloren. Jeder war für sich selbst verantwortlich, gemeinsam unterstützten wir uns und erlebten die Welt in eigener Souveränität.

Als ich sieben Jahre alt war und mit Freunden in einer Scheune auf den Balken balancierte, wußten wir, was wir uns zutrauen konnten. Ich erinnere mich, daß ich über einen bestimmten Balken nur gerobbt bin, während Walter seelenruhig balancierte und Henry lieber unten rum ging. Wir entschieden selbst – in ungestörter Auseinandersetzung mit der Welt und ihren Anforderungen. Wäre ein Erwachsener in die Scheune gekommen, dann hätten wir uns so verhalten, wie wir ihm vertrauen beziehungsweise eben nicht vertrauen konnten. Bei Herrn Rausch wären wir sofort von den Balken heruntergekommen. Bei Herrn Homann hätten wir nur noch »besonders vorsichtig« balanciert. Und bei Onkel Gotthard hätten wir uns gefreut, sein Vertrauen in uns hätte uns unterstützt.

Die Kinder spüren, wer sie in ihrer Identität angreift und wer nicht, und wo eine Beziehung ohne Störung möglich ist. Die erzieherische Haltung verursacht einen Dauer-Störzustand. Dabei werden zum einen die Kinder gestört: »Er ›weiß‹, was für mich gut ist. Wenn ich mich nicht danach richte, gibt es Krach. Wenn ich trotzdem tun will, was ich vorhabe, muß ich es so tun, daß er es nicht merkt.« Zum anderen sind die Erwachsenen gestört – nicht in ihrem Selbstverständnis oder in ihrem Tun wie die Kinder, sondern in ihrer Wahrnehmung der Wirklichkeit.

Es war im dritten Schuljahr, ich hatte einen Aufsatz aufbekommen. Aber diese Aufgabe war nicht meine Sache. Weshalb sollte ich so etwas schreiben? Da gab es eine beklemmende Szene, die mir eindringlich in Erinnerung geblieben ist: Lange saß ich vor meinem Heft, sollte den Aufsatz schreiben und wollte nicht. Aber ich durfte nicht jemand sein, der keinen Aufsatz schrieb. Ein solches Kind durfte ich einfach nicht sein. Und nicht sein wollen. Nach vielen Tränen tat ich dann, was von mir verlangte wurde. Aber ich hatte mich innerlich nicht aufgegeben, ich wanderte aus, versteckte mich und bewahrte so meine Selbstachtung. Ich schrieb den Aufsatz, und für die Erwachsenen war die Welt in Ordnung.

Kinder dürfen unendlich oft nicht die sein, die sie sein wollen. Erwachsene haben da so ihre Vorstellungen und sind nur selten bereit, wirklich hinzuhören auf das, was Kinder von sich mitteilen. Es taucht für die Erwachsenenwelt einfach nicht die Frage auf, wer Kinder wirklich sind. Erwachsene wissen, wie Kinder zu sein haben. Sie fragen schon nach diesem und jenem, aber es sind keine Fragen auf gleicher Basis, keine nach der Person suchenden Fragen. »Wer ist dieser Mensch?« Kindern gegenüber haben Erwachsene nicht diese Perspektive. Erst die erziehungsfreie Beziehung macht es selbstverständlich, Kinder auch in diesem Erwachsenen-Fragehorizont zu sehen, und überwindet die Störung, die aus der Mißachtung der eigenen Art des anderen kommt.

Als ich Lehrer in der Schule war, geschah es einmal, daß die Kinder zu mir als Person durchdrangen, daß der Lehrer aus der Klasse verschwand und ich verzaubert, ent-erwachsent wurde. Sie wollten »Verheiraten« spielen und sie vertrauten mir, in meiner Gegenwart so sein zu können. Einer war Pastor, zwei andere Trauzeugen, und die Pärchen meldeten sich. Sie wurden an die Tafel geschrieben. Es war eine Zeremonie, mit viel Lachen, Spaß und Beifall. Ich war eingeladen, ihnen zuzusehen, ich war ihr Gast. Es war, als ob ich am Fest eines fremden Volkes teilnehmen konnte. Sie hatten mich in ihren Kreis aufgenommen, ich störte sie nicht. Ich spürte die Mischung von Spaß und Ernst, von Spiel und Leben, und ich merkte, wie befreiend es ist, wenn man auf dieser von damals so wohlbekannten Basis miteinander umgeht.

»Ich kann so sein, wie mir zumute ist!« – dies ist ein wertvolles Gut. Wenn die Kinder wissen, daß wir sie nicht stören, so zu sein, wie sie nach ihrem eigenen Selbstbild sein wollen, dann leben sie auch in unserer Gegenwart dieses Ich. Ohne Angst, sich verstellen zu müssen, »weil da jetzt ein Erwachsener dabei ist«. Die Kinder spüren dann, daß wir nicht »die Aufsicht übernommen haben« – sie spüren, daß wir sie für sich selbst verantwortlich sein lassen, daß wir uns nicht in ihre Kompetenzen einmischen. Wir stören durch unsere Anwesenheit nicht ihr Erleben der Welt, und wir können wie damals merken, wer die Kinder um uns herum wirklich sind.

3. Das neue Vertrauen

Die erziehungsfreie Beziehung gründet in einem neuartigen Vertrauen – es kann jedoch ohne die erziehungsfreie Beziehung nicht entstehen!

Das neue Vertrauen beginnt bei sich selbst. Ich beginne, mir zu trauen. Ich beginne, mir zu vertrauen:

>>Ich gehöre mir.<<
>>Ich setze auf mich.<<
>>Ich glaube an mich.<<
>>Ich stehe mir zur Seite.<<
>>Ich *muß* mich nicht ändern.<<
>>Ich *kann* mich jederzeit ändern.<<
>>So, wie ich jetzt bin, ist es sinnvoll.<<
>>Ich bin der Mittelpunkt des Universums.<<
>>Niemand kann die Welt so erfahren wie ich.<<
>>Mein Tod ist ein Geheimnis,
dem ich achtungsvoll entgegensehe.<<
>>Ich werde morgen früh wieder aufwachen.<<
>>Ich liebe mich so wie ich bin.<<

Das neue Vertrauen befreit. Und es macht im Innersten unangreifbar. Nur wir selbst können uns letztlich sagen, wie wir leben wollen. Wir können andere hören – aber entscheiden, so und nicht anders zu leben, ist unsere Sache. Diese Selbstverantwortlichkeit kann uns auch nie wirklich von anderen abgenommen werden, selbst wenn wir es wollten. Wenn wir sagen >>Entscheide Du für mich<< oder wenn wir stöhnen »Ich lebe gar nicht nach meinen eigenen Entscheidungen«, dann haben wir doch schon entschieden: daß andere für uns entscheiden oder daß wir nicht nach eigenen Entscheidungen leben.

Ich bin der Chef in allen Dingen, die mich angehen. Und so kann mir auch niemand verordnen, wie ich mit meinen Kindern umzugehen hätte. Die Ansprüche anderer oder die »allgemeinen Regeln« für den Umgang mit Kindern können für uns nur so verbindlich sein, wie *wir* dies entscheiden – oder sie binden uns nicht. Wir – wir selbst – sind gefragt. Wie wollen *wir* mit Kindern umgehen? Wir entscheiden über unsere Wege, auch im Umgang mit Kindern.

Ich weiß, daß wir in vielfältige Zwänge eingesperrt sind. Aber dennoch ist wahr, daß uns letztlich niemand wirklich veranlassen kann, diese Zwänge auch einzuhalten. Wir können uns allemal einem Zwang verweigern und die entsprechenden Konsequenzen hinnehmen. Bei aller Fremdbestimmtheit können wir wieder Zugang zu *unserem* Leben finden und uns bewußt machen, daß *nur wir dieses Leben leben.* So, wie auch nur wir selbst unseren Tod sterben können. Auch dies wird kein anderer für uns tun. Das Vertrauen in uns selbst weiß um diese Dinge, und bei allen Zwängen sind *wir* es doch, die sich Zwängen beugen oder ihnen standhalten.

Die Kinder leben auf dieser Basis. Sie haben ein ungebrochenes Gefühl dafür, Chef im eigenen Haus zu sein. Wenn Erwachsene zu ihrer eigenen Chef-Dimension mehr und mehr zurückfinden, dann können sie auch mit den Kindern von gleichwertiger Position aus – von Souverän zu Souverän – Beziehungen unterhalten. Solange sie an ihrer eigenen Souveränität oder an der Souveränität der Kinder – oder an beidem – noch grundlegend zweifeln, wird es nicht möglich sein, mit einem Kind in eine erziehungsfreie Beziehung zu kommen. *Wir können die gleichwertigen Geschwister unserer Kinder werden.* Dies schmälert unsere Elternschaft nicht, sondern zeigt sie in neuem Licht und stärkt sie.

Während ich jetzt schreibe, ist Diana (5) aus der Nachbarschaft da. »Ich will schreiben«, habe ich ihr gesagt. »Soll ich gehen?« fragt sie. Ich staune. »Ich finde es schön, wenn Du hier bist. Aber ich kann mit Dir jetzt nichts unternehmen. Wenn Du noch hierbleiben willst, kannst Du ja etwas für Dich machen.« Wir schauen uns an, und ich sehe in ihren Augen, wie sehr ich mich selbst mag und mir vertraue. Meine Wärme zu mir selbst erfaßt sie – und auf einmal vertraut sie mir ein Problem mit ihren Eltern an. Da unterbreche ich mein Schreiben und höre ihr zu, und dann ist es auch schon wieder vorbei. Wind, der kommt und geht. »Tschüs«, sagt sie, »bis morgen.« Draußen am Fenster winkt sie noch einmal.

Das Vertrauen in uns selbst geht nie verloren. Vielleicht kann es so verschüttet werden, daß wir es nicht mehr wahrnehmen. Aber es ist da, eine Wurzel, die nie stirbt. In der erziehungsfreien Beziehung können wir die Blumen unserer Kinder entdecken. Und ihren Mut, der uns hilft, die Aufgabe zu übernehmen, die uns das Leben zugewiesen hat.

4. Der eigene Beginn

Der Beginn des erziehungsfreien Lebens findet *in* Ihnen statt. Sie stimmen der erziehungsfreien Ideenwelt zu und fühlen sich dieser Sicht vom Menschen verbunden. Wenn Sie merken, daß das alles wirklich etwas für Sie ist, beginnen Sie das Gespräch mit dem Kind, das Sie waren und sind, ein Leben lang. Sie nehmen einen verborgenen Kontakt wieder auf – die erziehungsfreie Praxis hat in Ihnen bereits begonnen, mit einer eigenen Psychodynamik:

»Ich denke jetzt anders über Kinder, über Menschen, auch über mich. Die theoretischen Aussagen über die Selbstverantwortung, Selbstliebe und Sozialität des Menschen gelten – und galten – ja auch für mich. Meine neue, doch so vertraute Einstellung geht nicht mehr fort. Sie entfaltet sich, und sie wirkt auf mich. Ich beginne mich zu verändern. Meine Beziehungen beginnen sich zu verändern. Die Welt verändert sich, weil ich sie anders sehe.«

»Ich muß nicht an mir arbeiten, um erziehungsfrei zu leben. Man kann sich nicht dorthin erziehen! Wenn die erziehungsfreie Idee mir einmal etwas sagt und in mir lebt, wenn ich ihren Sinn aufgenommen habe, wächst sie von allein. Die Entwicklung vorantreiben – das ist von der alten Art. Dies aber wird mir immer wieder passieren, anfangs mehr, später weniger. Ich werde einfach zu ungeduldig sein.«

»Und ich werde immer wieder Dinge machen, die ich nicht mehr tun will: missionieren und erziehen, glauben mehr Recht zu haben und klüger zu sein, mich für andere verantwortlich fühlen und als Vormund auftreten, Schuld zuweisen und moralisieren. Ich mag diese Seiten von mir nicht, aber ich respektiere sie als Teil von mir, meiner Entwicklung und Biographie, und lasse sie als in mir gewachsen gelten. Dieses innere, erziehungsfreie Gespräch läßt mich die Übereinstimmung auch mit meinem pädagogischen Ich fühlen und gibt mir die Harmonie zurück, die mir zu Beginn des neuen Weges im Überschwang des Aufbruchs verloren zu gehen drohte. Alles in mir hat seinen Platz – Nichterziehung ebenso wie Erziehung.«

5. Unterstützung

Wenn Sie erziehungsfrei leben wollen, ist der Kontakt zu gleichgesinnten Menschen eine große Hilfe. Meine Erfahrung ist, daß das gemeinsame Erleben und die Gespräche mit anderen erziehungsfreien Menschen viel Klarheit schaffen und sicherer machen.

Sie können solche Menschen an vielen Orten finden – es fragt sich nur, wie. Um dieses Problem zu lösen, habe ich den »Freundschaft mit Kindern – Förderkreis e.V.« gegründet. Die Mitglieder des Förderkreises realisieren die erziehungsfreie Lebensführung in Familie und Beruf nach ihren eigenen Vorstellungen und haben die Möglichkeit, sich kennenzulernen, zu verabreden und gemeinsam weiterzukommen. Kontakte entstehen auf den Mitgliedertreffen und Seminaren, und wenn die Verbindung einmal hergestellt ist, ergibt sich das Weitere von selbst. Die Familienseminare zu Pfingsten und im Sommer sind auch für Nichtmitglieder offen und als Einstieg für neue Interessenten gut geeignet.

Wenn Sie sich mit Ihrer Selbstverantwortung, Selbstliebe und Sozialität einmal intensiver beschäftigen wollen, können Sie an einem für jedermann offenen »Selbst-Verantwortungs-Training« des Förderkreises teilnehmen. Dies ist ein Wochenend-Seminar, in dem die erziehungsfreien Kernfragen »Wer bin ich?«, »Wer bist Du?«, »Was will ich wirklich?« in einer spezifischen Psychodynamik erlebt werden. Programm ist, daß alle Teilnehmer ihren situativen Impulsen und Reaktionen folgen und sich so einbringen können, wie sie das gerade wollen – was immer das sein mag. Das gesamte Seminargeschehen wird so ein ungezwungenes und offenes Auf und Ab, mal intensiv, mal langweilig, mal oberflächlich, mal tiefgehend, mal voller Ernst, mal voller Schabernack. Es gibt keinen Trainer oder Leiter – denn das ist ein jeder für sich selbst. Es nimmt jedoch stets eine Person teil, die mit der erziehungsfreien Lebensführung vertraut ist (»Garant«). Dies soll sicherstellen, daß die erziehungsfreie Idee bei allen großen und kleinen Ereignissen des Seminars präsent ist. Im Zentrum des Erlebnisflusses steht der Einzelne in seiner

Verantwortung für sich selbst: er hat für alles und jedes, was er dort tut oder nicht tut, die Verantwortung. Und er kann sich immer mehr bewußt werden, daß dies ja auch für sein Leben insgesamt gilt.

Der Freundschaft mit Kindern – Förderkreis e.V. ist als gemeinnützig anerkannt, Mitglied im Deutschen Paritätischen Wohlfahrtsverband und hat seinen Sitz in Münster/Westfalen. Das Seminarprogramm, Informationspapiere und Unterlagen für einen Beitritt erhalten Sie bei folgender Adresse:

Amication
Turmstraße 24
D-29336 Nienhagen
Telefon: 0 51 44 – 56 07 54
Telefax: 0 51 44 – 56 07 64
E-Mail: amication@t-online.de
Internet: http://www.amication.de

Epilog: Amication

Das postpädagogische Selbstverständnis

Anfang der 70er Jahre wird die Erwachsenen-Kind-Beziehung einer bislang ungekannten Analyse unterzogen. Wissenschaftler und Forscher beziehen einen neuen Ausgangspunkt. Sie fragen nicht mehr in einem pädagogischen und objektiven Sinn »Was ist wirklich gut für das Kind?«, sondern sie fragen von einer authentisch-personalen Basis aus: »Was will ich eigentlich in der Kommunikation mit Kindern?« Sie verlassen das Selbstverständnis eines zur Erziehung aufgerufenen Vormunds. Wobei sie nicht in die Gefahr geraten, die Kinder nun zu ihrem persönlichen Vorteil auszunutzen. Sie sehen auf die hinter jeder Erziehung real existierenden Menschen, denen sie auf der existentiellen Ebene begegnen wollen: »Wer bin ich – wer bist Du?«

Von dieser Basis her wird ein neuer Weg zum Kind eingeschlagen, der nicht von pädagogischer Sichtweise vorgezeichnet ist, sondern unverstellt und radikal-ehrlich: Vom Ich hin zur subjektiven Identität eines jeden jungen Menschen. Diese in der Postmoderne gründende Position geht von der existentiellen Gleichheit der Menschen und ihrer Erkenntnisse aus und verläßt damit Pädagogik und Erziehung mit ihrem im objektiven Denken begründeten Führungs- und Formungsauftrag.

Der Erwachsene hat nun im Umgang mit Kindern ein von Erziehung freies Selbstverständnis. Er wendet sich zwar von der Erziehung ab, nicht aber vom Kind. Er will ja die Kommunikation mit Kindern, jedoch ohne jegliche Erziehung. Er betritt das Land des Kindes mit den vielen Facetten seiner Persönlichkeit, mit Ideen, Vorschlägen, Kritik, Erklärungen, Ermutigungen, Ängsten, Grenzen, Hoffnungen, Mut. Mit all dem, was ihm selbst aus seinen eigenen, subjektiven Gründen wichtig ist, in die Beziehung zum Kind einzubringen. Er kommt ohne Formungsauftrag, ohne List und ohne pädagogische Mission. Er kommt authentisch, als Person. Er verlagert nicht das Zentrum seiner Konzentration in das Kind, wenn er mit Kindern zusammen ist. Er bleibt bei sich und übernimmt Verantwortung für die Person, die ihm zuallererst anvertraut ist: für sich selbst.

Der postpädagogische Erwachsene sucht seinen Weg zum Kind also vom Ich her. Das existentielle »Wer bin ich?« wird begleitet vom »Wer bist Du?«. Methoden und Techniken, Strategien und Didaktiken, Persönlichkeitsschulung und Kommunikationstraining, Vorbereitung und Supervision, Zielbestimmung, Motivation, Evaluation, Analyse ... – all das, was in der pädagogischen Kommunikation mit mühevollem und kräftezehrendem Einsatz realisiert wird, kann entfallen. Der Erwachsene erwacht wie aus einer Betäubung, entlastet und befreit. Dies bewirkt, daß er – bei sich selbst angekommen – eine spezifische Einfühlung entfaltet, die nur jenseits von Pädagogik und Erziehung existiert. Mit dieser postpädagogischen Empathie hat er immer wieder die Chance, das Kind wirklich zu verstehen und die Wichtigkeiten und Bedürfnisse des Kindes mit den eigenen Vorstellungen zu einer authentischen Praxis zu verbinden.

Amication – Weltsicht und Weltdeutung

Von 1976 bis 1978 führt Hubertus von Schoenebeck ein Forschungsprojekt mit Kindern im Alter von 3 bis 17 Jahren zur ersten wissenschaftlichen Erkundung postpädagogischer Kommunikation durch und promoviert hierüber. Gleich im Anschluß an seine Feldstudie legt er zusammen mit Jans-Ekkehard Bonte ein Konzept für die erziehungsfreie Theorie und Praxis vor. Diesem Konzept liegen die postpädagogische Idee, Aussagen der emanzipatorischen Kinderrechtsbewegung

(Children's Rights Movement), Erkenntnisse der Humanistischen Psychologie und die Erfahrungen des Forschungsprojekts zugrunde. Das Konzept wird »Freundschaft mit Kindern« und später auch »Unterstützen statt erziehen« genannt. Zu seiner Verbreitung wird der »Freundschaft mit Kindern – Förderkreis e.V.« gegründet.

Die Erfahrungen und Reflexionen der Forschung deuten durch die radikale Veränderung in den Beziehungen zu Kindern in ein bislang gänzlich unbekanntes Land. Dieser Eindruck verstärkt sich durch die Erkenntnisse, die bei der Realisierung von »Freundschaft mit Kindern« gewonnen werden. Es wird deutlich, daß sich eine besondere, eigenständige Perspektive zu entwickeln begonnen hat.

Diese Sicht erstreckt sich nicht nur auf die vielfältigen Facetten des Umgangs mit Kindern in Familie und Schule, sondern greift ständig weiter aus, so auch auf die Beziehung des Erwachsenen zu sich selbst, auf Partnerschaft, auf Kommunikation im allgemeinen, auf ethische und gesellschaftliche Themen, bis hin zur Frage nach der Stellung des Menschen in der Welt und zur Frage eines verantwortlichen Umgangs mit allen Phänomenen. Die sich neu entwickelnde Gesamtsicht wird lange Zeit ebenfalls, jedoch nun in einem weiten Sinne, »Freundschaft mit Kindern« genannt. Es ergibt sich nach und nach eine eigenständige Sicht von solchem Gewicht und Gehalt, daß sie schließlich als eigene Weltdeutung verstanden und mit einem eigenen Namen benannt wird: *Amication*.

Die Bezeichnung »Amication« ist in Ableitung vom lateinischen »amicus« (Freund) gebildet und drückt das zentrale Element dieser Sicht aus: die freundliche Beziehung des Menschen zu sich selbst, zum anderen und zur Welt.

Amication ist eine Weltsicht und Weltdeutung – die Phänomene der Welt werden mit der amicativen Perspektive in spezifischer Weise gesehen und gedeutet. Amication ist weit gefaßt und bezieht sich auf alle Lebensbereiche. Amication enthält eine eigene existentielle Philosophie und Ethik. Amication bewirkt eine besondere Praxis und ist von einer charakteristischen Emotionalität umgeben. Amication wird ständig weiterentwickelt, und viele Impulse kommen aus dem Austausch in Vorträgen und Seminaren. Am weitesten fortgeschritten sind die amicativen Aussagen zur Theorie und Praxis des erziehungsfreien Umgangs mit Kindern, zur Selbstliebe und zu ethischen Fragen. Daneben werden besonders die amicativen Positionen zu gesellschaftlichen Fragen, zum Umgang mit der Natur, zur Religion, zum Recht und im Vergleich mit anderen Kulturen diskutiert.

Amication ist in der *konstruktiven* Postmoderne verwurzelt. Das heißt, daß das Paradigma der Postmoderne – die Gleichwertigkeit aller Phänomene – nicht in eine destruktive und lebensfremde Beliebigkeit abgleitet, sondern durch jeden Einzelnen einen konstruktiven Sinn erfährt. Der Einzelne sieht sich zwar in die unendliche Vielfalt ohne objektiven Bezugspunkt geworfen, doch er verzweifelt an dieser Beliebigkeit nicht, *sondern stellt sich ihr* und erkennt sich selbst als Zentrum im Unendlichen: »Ich bin der Mittelpunkt des Universums. Hier bin ich – mich umgibt eine endlose Anzahl von Möglichkeiten. Doch was ist meine Auswahl? Wer will ich sein? Wer bin ich?« Die Beliebigkeit der Postmoderne wird von jedem Einzelnen durch seine subjektive Wahl an bevorzugten und verworfenen (aber nicht mißachteten!) Möglichkeiten in einem eigenen, individuellen Wertesystem beim Wort genommen und mit Sinn gefüllt. So entsteht eine postmoderne Ethik der Selbstverantwortung, welche die Gleichwertigkeit der Postmoderne ins Konstruktive geleitet.

Auch die Amication trifft aus der großen Vielfalt der Postmoderne ihre Wahl und wird so in den »Grundlagen amicativer Lebensweise« identifizierbar und kommunizierbar.

Grundlagen amicativer Lebensweise

1. Selbstliebe
Jeder Mensch kann sich lieben, so wie er ist. Diese konstruktive Sicht auf sich selbst kommt aus dem Lebenswillen und wird durch nichts und niemanden in Frage gestellt. Selbstliebe ist ohne Egoismus und von Nächstenliebe umgeben.

2. Vollwertigkeit
Ein jeder ist von Anfang an ein vollwertiger Mensch. Niemand muß an sich arbeiten, sich verbessern, erziehen, um ein »richtiger« oder »besserer« Mensch zu werden, denn ein jeder *ist* zu jedem Zeitpunkt seines Lebens ein vollwertiger Mensch. Man kann sich jederzeit verändern: dies geschieht stets auf dem Hundert-Prozent-Plateau der Vollwertigkeit und Selbstliebe.

3. Selbstverantwortung
Menschen werden mit der Fähigkeit geboren, für sich selbst verantwortlich zu sein und das eigene Beste *selbst* wahrzunehmen. Dies ist keine Anlage, die sich erst im Laufe des Großwerdens entfalten muß, sondern eine Fähigkeit, die von Anfang an *uneingeschränkt* da ist. Die Selbstverantwortung geht niemals wirklich verloren, was im Leben auch geschehen mag.

4. Souveränität
Niemand *muß* etwas tun oder lassen, was er nicht tun oder lassen *will*. Niemand unterliegt irgendeiner Pflicht, der er nicht selbst zustimmt. Keine Norm hat eine Berechtigung, sich über den einzelnen zu stellen. Womit auch immer jemand konfrontiert wird: ein jeder entscheidet in eigener Souveränität selbst, wie er damit umgehen will. Die aus der Souveränität kommende Freiwilligkeit eröffnet den Zugang zu Kongruenz, Authentizität und Empathie.

5. Gleichwertigkeit

Nichts und niemand steht über oder unter einem anderen: es gilt das Paradigma der Gleichwertigkeit aller Phänomene. Statt des vertikalen Denkbildes mit seiner Oben-Unten-Struktur existiert das horizontale Bild der großen Ebene, auf der jedes dingliche und nichtdingliche Gebilde *gleichwertig* seinen Platz hat. Der Einzelne geht in eigener Verantwortung seinen Weg durch diese Vielfalt. Wie immer er sich entscheidet und nach welchen Kriterien auch immer er seine Wahl trifft, niemals wird das, für das er sich nicht entschieden hat, als minderwertig eingestuft. Ein jeder verbindet die postmoderne Gleichwertigkeit mit persönlicher Verantwortung zu seiner *eigenen, konstruktiven und subjektiven Ethik*.

6. Subjektivität

Menschen interpretieren die Welt – jeder auf seine subjektive Weise. Objektive, von Menschen losgelöste Wahrheiten existieren nicht. Auch naturwissenschaftliche Erkenntnisse sind letztlich Erkenntnisse konkreter Menschen mit ihrer subjektiven Weltsicht und unterliegen dem Wandel der Geschichte. Das bedeutet, daß niemand zu recht einem anderen seine eigene Sicht der Dinge verbindlich machen kann (»Sieh das ein, ich habe recht!«), sondern daß jeder nur seine eigene, subjektive Sicht kundtut.

7. Fehlerlosigkeit

Niemand kann einen wirklichen Fehler machen – denn es gibt keinen objektiven, über dem einzelnen stehenden Maßstab. Verstöße gegen Vereinbarungen sind keine Fehler in einem objektiven Sinn, sondern sinnvolle Abweichungen vom vereinbarten Weg. Man kann sich jederzeit korrigieren, dabei wird der korrigierte Schritt als sinnvolles Tun in der Vergangenheit geachtet.

8. Sozialität

Menschen sind sozial konstruktiv, mit dieser Potenz werden sie geboren. Sie halten nach dem anderen Ausschau, um von ihm Wichtiges für sich selbst zu bekommen: dessen Gewogenheit, Sympathie, Liebe. Im eigenen Interesse kümmert sich der eine um den anderen (»sozialer Automatismus«), er sorgt dafür, daß es diesem gut geht, denn dies hat die Zuwendung des anderen zur Folge. Sozialität ist die Auswirkung der Selbstliebe. Niemandem muß Sozialität, Nächstenliebe, Kümmern um andere erst beigebracht werden: Menschen können das von Geburt an und sie praktizieren es um des eigenen Nutzens willen (es sei denn, sie werden in der Entfaltung ihrer Selbstliebe gestört).

9. Achtung vor der Inneren Welt

Selbstverantwortung und Subjektivität bedeuten eine eigenständige und souveräne Innere Welt bei jedem einzelnen Menschen. »Innere Welten« gibt es als universelles Prinzip der inneren Struktur überall: in Atomen, Steinen, Pflanzen, Tieren, Menschen. Vor der Inneren Welt des Menschen besteht grundlegende Achtung, in die Innere Welt wird niemals eingegriffen in dem Sinn, daß dort etwas sein müsse, was der andere dort aber nicht haben will (»Sieh das ein!«).

10. Selbstbehauptung in der Äußeren Welt

Die Achtung vor der Inneren Welt bedeutet *nicht* das Erduldenmüssen von Handlungen in der Äußeren Welt. Auf der Handlungsebene verhält sich ein jeder so, wie dies seiner Verantwortung für sich selbst entspricht. Dieses Verhalten in der Äußeren Welt kann den Vorstellungen des anderen entsprechen oder entgegengesetzt sein. Bei Konfrontation und unüberwindbarem Gegensatz steht es jedem zu, zur Sicherung der eigenen Identität so wehrhaft zu sein, wie man dies kann und will. Doch bei aller Selbstbehauptung in der Äußeren Welt – die Achtung vor der Inneren Welt eines jeden Menschen geht nicht verloren.

11. Empathie

Die Freiwilligkeit und die Achtung vor der Inneren Welt ermöglichen es, daß sich das Einfühlungsvermögen des Menschen so entfalten kann, wie das ein jeder *wirklich will* – und nicht so, wie es irgendwie sein sollte. Das empathische Potential des Menschen wird freigesetzt. Antworten auf die Fragen »Wer bin ich?« und »Wer bist Du?« werden im *Aufspüren der real existierenden Person*, die ein jeder selbst und die der andere ist, auf einer tiefen emotionalen Ebene gefunden. Dies gilt stets jedoch nur soweit, wie ein jeder das angesichts der Umstände für sich realisieren will (es gibt keine Verpflichtung zur Empathie). Ein besonderer Bereich, den die Empathie erschließt, ist der Umgang mit Konflikten: die »empathische Konfliktlösung« tritt an die Stelle destruktiver Kämpfe.

12. Erziehungsfreiheit

Die Achtung vor der Inneren Welt, das Wissen um die Subjektivität der Erkenntnisse und die Anerkennung der Gleichwertigkeit aller Phänomene haben das Ende des kulturellen Missionsgedankens zur Folge. Eine andere Kultur, Religion, Ethik, Philosophie oder sonstige Position muß nicht mehr nach den eigenen Vorstellungen umgeformt werden. Dies gilt auch Kindern gegenüber und bedeutet die Überwindung des Kerngedankens jeglicher Erziehung: daß aus Kindern Menschen zu machen sind, entsprechend den Vorstellungen der jeweiligen Kultur ihrer Eltern. Die *Beziehung zum Kind* wird an die Stelle der *Erziehung zum Menschen* gesetzt.

Publikationen

Hubertus von Schoenebeck

KINDER

Kinder der Morgenröte
... unterstützen statt erziehen ...
Taschenbuch. Ausgabe 2004. 142 Seiten
ISBN 3-88739-025-3. EUR 9,80
Dies ist das grundlegende Buch zur erziehungsfreien Theorie und Praxis und die erste Empfehlung zur Information über den amicativen Umgang mit Kindern. Was charakterisiert eine erziehungsfreie Beziehung? Wie sieht die erziehungsfreie Praxis aus? Wie kann man damit anfangen? Aus der Fülle 30jähriger Erfahrung erziehungsfreier Kommunikation wird den vielfältigen Fragen zum amicativen Leben mit Kindern nachgegangen. Ein anrührender Prolog und viele anschauliche Beispiele eigener Praxis runden dieses persönlich geschriebene Sachbuch ab.

Die erziehungsfreie Praxis
Der amicative Alltag mit Kindern
Broschüre. Ausgabe 2005. 32 Seiten
ISBN 3-88739-023-7. EUR 3,–
Diese Schrift ist ein Sonderdruck aus dem Buch »Kinder der Morgenröte«. Sie enthält Antworten auf viele Fragen zur Umsetzung der amicativen Theorie in eine wirklich funktionierende erziehungsfreie Praxis mit Kindern. Ausführlich wird die amicative Konfliktlösung dargestellt.

Gast im Kinderland
Der Bericht des postpädagogischen Forschungsprojekts 1976–78
Taschenbuch. Ausgabe 2004. 246 Seiten
ISBN 3-88739-029-6. EUR 14,80

Hubertus von Schoenebeck überprüfte in einer 28 Monate dauernden wissenschaftlichen Feldstudie mit Kindern im Alter von 3 bis 17 Jahren, wie erziehungsfreie Kommunikation realisiert werden kann. Der Text enthält den Forschungsbericht mit vielen Details und Hintergrundüberlegungen zur »Beziehung ohne Erziehung«. Er ist leicht verständlich geschrieben und gibt Einblick in die Sensibilität und Empathie amicativer Beziehungen. Ein Kapitel über die wissenschaftliche Methode der Forschung rundet den Bericht ab.

Kinder in der Demokratie
Politische Emanzipation/Deutsches Kindermanifest/Wahlrecht für Kinder
Broschüre. Ausgabe 2001. 48 Seiten
ISBN 3-88739-021-0. EUR 3,–
Dieser Text ist eine unverzichtbare Einführung für jeden, der sich über die politische Emanzipation des Kindes (Children's Rights Movement) informieren möchte. Im Deutschen Kindermanifest sind in einer Präambel und in 22 Artikeln die Bürgerrechte dokumentiert, die Kindern zustehen sollten. Es wird der historische Zusammenhang dieser Bürgerrechtsforderungen aufgezeigt, und es wird deutlich, welchen Sinn es macht, die Forderung nach der Gleichberechtigung des Kindes heute zu erheben. In einem eigenen Kapitel wird das Wahlrecht für Kinder (Wahlalter Null) fundiert und ausführlich mit allem Pro und Contra vorgestellt.

Schule mit menschlichem Antlitz
Realität und Vision
Taschenbuch. Ausgabe 2001. 152 Seiten
ISBN 3-88739-027-X. EUR 9,80
Hier wird in großer Breite und Tiefe die amicative Position zur Schule vorgestellt. Die Realität der Kinder, der Eltern und der Lehrer im Schulalltag aus amicativer Sicht. Wo liegt die wirkliche Macht der Eltern? Wissen Lehrer eigentlich, was sie tun? Welchem Leid sind die Kinder in der Schule

ausgesetzt? Was läßt sich gegen die Schultraumatisierung tun? Hält die Schule vor den Menschenrechten stand? Wie kann eine Schule der Zukunft aussehen? Was kann ein Lehrer heute tun, damit die Schule kinderfreundlicher wird? Auf diese Fragen gibt es unkonventionelle und überzeugende Antworten, und viele praktische Tips und Denkanstöße für Eltern und Lehrer. Doch Vorsicht: Das Buch läßt niemanden unberührt, es macht betroffen und ist keine leichte Kost.

Kinderkreis im Mai
Die Revolution der Schule
Taschenbuch. Ausgabe 2005. 234 Seiten
ISBN 3-88739-028-8. EUR 14,80
Der Lehrer steht zwischen dem Recht der Kinder, über ihr Lernen selbst zu bestimmen, und den Anforderungen der Schule, den vorgeschriebenen Lehrstoff zu vermitteln. In Form von Tagebuchaufzeichnungen reflektiert der Autor Tag für Tag ein halbes Jahr lang sein konkretes Handeln in der Schule. Und obwohl ihm klar ist, daß er das Leid der Schulkinder durch sein unabwendbares Oktroyieren selbst verursacht, verzweifelt er nicht, sondern zeigt viele Möglichkeiten, wie sich Kinderfreundlichkeit in der Schule realisieren läßt. Ein Buch für jeden, der an der systembedingten Inhumanität der Schule noch leiden kann. Ein Buch, das dennoch versöhnt und in die Zukunft weist.

SELBSTLIEBE

Ich liebe mich so wie ich bin
Der Weg aus Selbsthaß, Ohnmacht und Egoismus
Taschenbuch. Ausgabe 2002. 150 Seiten
ISBN 3-88739-026-1. EUR 9,80
Amication für Erwachsene: Dieses einfühlsame, mit Gedichten ergänzte Buch handelt von der pädagogischen Demoralisierung des Kindes und ihrer Überwindung. Rückblickend

auf die Kindheit werden auf alte Fragen und Erlebnisse neue Antworten gegeben. Antworten, die einen von Erziehung und Selbsterziehung freien Weg zum Ich aufzeigen. Ein Leben ohne Schuldgefühle und Selbstwertzweifel und zugleich voller beiläufiger Sozialität ist möglich! Die Selbstliebe wird als die uralte und zugleich postmoderne Kraft erkennbar, die einen jeden konstruktiv leitet und die auch im Umgang mit dem Anderen Bestand hat. Das Buch enthält zudem das Konzept des »Selbst-Verantwortungs-Trainings« und ein Kapitel über die philosophisch-anthropologischen Grundlagen der Amication.

Selbst-Verantwortungs-Training

Das Konzept der amicativen psychodynamischen Seminare
Broschüre. Ausgabe 1998. 20 Seiten
ISBN 3-88739-007-5. EUR 3,–
Das amicative Selbst-Verantwortungs-Training wird als Wochenendseminar durchgeführt. Es kennt keinen Leiter oder Trainer. Die Teilnehmer folgen in diesem Erlebnis-Seminar ihren situativen Impulsen auf einer amicativen Basis – und sie entdecken, was Selbstverantwortung, Selbstliebe und Sozialität eigentlich bedeuten. Die Broschüre stellt das Konzept dieser eigenständigen psychodynamischen Seminarform vor, wie sie seit 1985 im Freundschaft mit Kindern – Förderkreis e.V. realisiert wird.

GESAMTTHEMATIK

Amication – Themensammlung

100 ausgewählte Aspekte amicativer Thematik
Taschenbuch. Ausgabe 2004. 288 Seiten
ISBN 3-88739-024-5. EUR 15,80
Die Themensammlung ist ein Reader zur Amication mit 100 Texten über Theorie, Praxis, Erleben, Kinder, politische Emanzipation des Kindes, Wahlrecht für Kinder, Schule, Erwachsene, Selbstliebe, Partnerschaft, Ethik, Emotionalität. Jeder Aspekt

ist mit einer signifikanten Überschrift versehen und durch ein übersichtliches Inhaltsverzeichnis leicht zu finden. Die Themensammlung gibt zu einzelnen Aspekten konzentriert Auskunft, schneller als dies ein breit angelegtes Buch leisten kann. Und sie ist auch ein Lesebuch für alle, die sich nur hin und wieder mit der amicativen Thematik beschäftigen können.

Die antipädagogische Argumentation
Antworten auf pädagogische Kritik
Taschenbuch. Ausgabe 2005. 264 Seiten
ISBN 3-88739-030-X. EUR 14,80

In diesem Buch werden 30 Einwände fundiert beantwortet, die von Erziehungswissenschaftlern gegen die erziehungsfreie Theorie und Praxis erhoben wurden. Den ausführlich zitierten pädagogischen Textstellen stehen jeweils sorgfältig ausgearbeitete amicative Repliken gegenüber. Das anspruchsvolle Buch wurde für die wissenschaftliche Diskussion über das erziehungsfreie Konzept geschrieben und richtet sich an pädagogische Fachleute und interessierte Laien. Es wird deutlich, weshalb dem pädagogischen Denken der erziehungsfreie Ansatz immer wieder entgleitet – entgleiten muß –, und wie faszinierend die Schlüssigkeit amicativer Argumentation ist. Dem Leser erschließt sich durch die unzähligen amicativen Überlegungen, Nuancen und Querverbindungen in den 30 Kritik-Replik-Paaren nach und nach das Gesamtbild des postpädagogischen Projekts.

zauberpfade
Figurative Aphorismen
Gebundenes Buch. Ausgabe 2001. 160 Seiten
ISBN 3-88739-031-8. EUR 14,80

Der Band enthält amicative Gedichte und Aphorismen. In poetischen Botschaften werden Situationen aus der Beziehung zu sich selbst und den anderen – Erwachsenen und Kindern – mitgeteilt. Ein Buch, das als Alternative oder in Ergänzung zur intellektuellen Rezeption dazu einlädt, ganz vom Gefühl her auf die neuartigen Aussagen der Amication zuzugehen. Die Gedichte und Aphorismen sind optisch »figurativ« gestaltet und fordern allein schon dadurch zum Assoziieren und Einschwingen heraus. Durch den festen Einband und das stimmungsvolle farbige Titelbild eignen sich die »zauberpfade« auch als ansprechendes Geschenkbuch.

Grundlagen der erziehungsfreien Lebensführung
Anthropologisch-philosophische Grundpositionen der Amication
Broschüre. Ausgabe 1997. 36 Seiten
ISBN 3-88739-017-2. EUR 3,–
Die Broschüre enthält eine Einführung in den amicativen Gesamtzusammenhang und ist als Ersteinstieg gedacht. Die »Grundlagen« sind verständlich geschrieben und richten sich an jeden Neuinteressenten.

Amication – Erste Informationen
Unterstützen statt erziehen/Ich liebe mich so wie ich bin
Broschüre. Ausgabe 2004. 36 Seiten
ISBN 3-88739-020-2. EUR 3,–
Die Broschüre zum Vorstellen und Weitergeben. Was ist Amication? Woher kommt Amication? Wer vertritt Amication? Mit einer ausführlichen Vorstellung amicativer Literatur.

BROSCHÜREN

Die fünf oben beschriebenen Broschüren sind zusammen erhältlich für EUR 10,–, ISBN 3-88739-022-9

– Amication – Erste Informationen
– Grundlagen der erziehungsfreien Lebensführung
– Die erziehungsfreie Praxis
– Kinder in der Demokratie
– Selbst-Verantwortungs-Training

Information – Korrespondenz – Buchbestellung

(Alle Bücher und Broschüren sind auch im Buchhandel
erhältlich.)

Amication
Turmstraße 24
D-29336 Nienhagen

Telefon: 0 51 44 – 56 07 54
Telefax: 0 51 44 – 56 07 64
E-Mail: amication@t-online.de
Internet: http://www.amication.de/bestellung.htm

Homepage
www.amication.de